第1章 厄とは何か …… 009

第2章 あなたの厄を祓う極意……055

第3章

厄を人生に生かすために

特別付録

江原啓之特製厄祓い護符

デザイン●大久保裕文＋須貝美咲（Better Days）
DTP●今井明子
帯写真●大河内 禎

第1章

厄とは何か

厄のメカニズム

なぜ厄を恐れるのか

多くの日本人は、「厄」というと厄年と結びつけるのではないでしょうか。「厄年だから良くないことが起こるかもしれない」「厄年にお祓いしないと、大きな厄が降りかかる」「前厄と後厄を入れた3年間は、おとなしくしていなくちゃ」などと、心配している人もいるかもしれません。このような考え方でもわかるように、厄のことを「突然降りかかる災い」と感じている人がほとんどではないかと思います。

スピリチュアルな視点から見ると、厄年だから悪いことが起こるということはありません。ただ、人生にはバイオリズムというものがあるのは事実。あなた自身の人生を振り返っても、「物事がトントン拍子に進み調子が良いな」と思う時期もあったでしょうし、「なんとなく停滞しているな」と感じた時期もあったはずです。詳しくは後述しますが、基本的に言えるのは、バイオリズムが下がっていると感じるときはあらゆる意味でメンテナンス、準備のときであり、良いと感じるときは行動のときだということ。厄年がバイオリズムの低いときと一致している人もいるかもしれませんが、絶対とは限らないのです。

本書ではそのことを詳しく説明していきます。厄や厄年、バイオリズムなどのメカニズムを知ると、恐れるべき災いなどではないことが理解できるでしょう。逆に厄を上手に受け入れて、人生をより良くしたりもできるのです。そうすると、厄があなたにとって幸せの種だと思えるようになるはずです。

ただし、最初に申し上げたいことが一つあります。本書はあなたの人生のクオリティを高めるためにあるもの。もしも、平穏な人生だけを望み、「流れに身を任せて、なんとなく幸せに過ごせればいいや」と思う方は、逆に読まないほうがいいかもしれません。なぜなら、怠惰な土地に花が咲かないように、自分の人生を行き当たりばったりという怠惰で過ごす人には、幸せの種があったとしても花は開かないからです。

本書は、お母さんが子どもに「ほら、よそ見をしないで歩きなさい」と、注意するようなもの。己の人生をよそ見せず生きるために、厄が表すもの、いわゆる自分自身のたましいの姿をよく見るための極意をお伝えするものです。

限りある人生の時間を無駄にせず、幸せの種をしっかり育て、きれいな花をたくさん咲かせられれば、あなたの人生はもっと彩り豊かになります。そのためのヒントを、これからたくさんお教えしていきましょう。

自分にない厄は来ない

スピリチュアルな視点から見れば、人生において「良いこと」と「悪いこと」の区別はありません。みなさんが思う良いこと、悪いことというのは、自分にとって都合が良いか、悪いかという判断でしょう。けれど、都合が悪いと思うことも大切な経験と感動であり、たましいの成長にとっては良いことなのです。

良いと思うことはもちろんですが、もしも都合が悪いと思うことがあっても、それはあなたにとって必要があるから起こっています。自分で蒔《ま》いた種は自分で刈り取る「因果の法則」というものがあり、原因があるからこそ、それが縁を結び、結果として表れる。因縁果《いんねんか》のことです。

もしかすると、その縁を結ぶ時期が厄年であったり、バイオリズムが低いときであったりするかもしれません。それまでにたまった膿《うみ》がちょうど出やすいときとも言えます。そうすると、結果として厄と思えるようなことが現実に表れるのです。けれど考えてみてください。ずっと膿がたまっているよりも、出てしまったほうが重症にならずに済むのではないでしょうか。ですから、膿が出たからといって、単純に悪いとは言い切れません。それに原因はあなた自身にあるのです。あなたのなかにあるものしか、厄として表れることはありません。

逆に言えば、あなたに関係のないことが、突然災いや問題として降りかかることはないのです。火山や活断層のないところには地震が起きませんよね？　ということは火山や活断層のない場所に住んでいる人は「いつ地震がくるんだろう」とビクビクする必要はない。それと似ています。闇雲にただ事故に遭ったり、病気になるということはありません。必ず因（原因）はあります。例えば、ふだんから乱暴な運転をしていたり、不注意な性格であったりすれば、それにつながるトラブルがあるでしょう。健康を過信して日々を暮らしていれば、いつか体の不調を招くのではないでしょうか。人間的に問題があれば、人間関係や仕事でトラブルが起こるのは当たり前です。「厄年で事業が傾いた」などと言う人がいますが、それを厄年のせいにするのは、自分のしてきたことを棚に上げているようなものです。

つまり、完璧な人がいないように、生きていれば何かしらの因は自分にあるはずです。ならばあとは一人ひとり持っている因が、いつ、どのように浮き出るかだけ。厄やバイオリズムというのは、その浮き出るポイントに関わっていると言えるでしょう。

結果として表れる厄も、決して災いなどではありません。なぜなら、厄は自分自身を見せてくれるものであり、考え方や行動の間違いに「気づきなさい」と教えてくれるものだからです。こう言うと誰かが「させている」ように思えますが、そうではありません。あなた自身がたましいの成長を求めて、因縁果によって自ら弱点を浮き立たせているだけのこと。

誤解を恐れず申し上げますが、法律を犯して逮捕された人のなかには、バイオリズムが良いときに逮捕される人もいるのです。もしかすると本人は「厄年だから」「バイオリズムが悪いから」逮捕されたと思っているかもしれません。マイナスにとらえれば、逆恨みもしたくなるでしょう。しかしプラスにとらえれば、バイオリズムが良いからこそ「軌道修正できるチャンス」が来たのです。人生をやり直すスタートラインに立てたと考えると、逮捕されたことが厄などとは言えないのではないでしょうか。

厄は、災いでもなければ、悪いものでもない、自分自身を成長させる幸いです。日本人は「厄が来る」「厄がつく」などと言うせいか、被害妄想になりがち。けれど、あなた自身の因縁果が厄と大いに関わるのですから、その被害妄想から抜け出すことが、まず大事でしょう。

パワーバランスの意味

ここでパワーバランスというものについて、お話ししておきます。厄やバイオリズムのメカニズムにも大きく関わるからです。

人生にはパワーバランスが作用しています。「正負の法則」という言葉を聞いたことがあるでしょう。これを「良いことがあったら悪いことがある」「良いことと悪いことが交互に来る」というように解釈している人もいますが、それはあまりに短絡的です。

確かに、タナボタ的に良いことがあったとき、バランスを取るように手痛い学びを得ることもあります。ですが逆に、努力という負を背負うことで、正をつかみ取れる場合も。負というのは、悪いことという意味ではなく、自分の努力や誰かのためにする奉仕、そのための我慢も含みます。

つまりパワーバランスもやはり「因果の法則」であって、その因をどう作るかは自分で良くも悪くもチョイスできるということです。そして、何が結果として表れるかは人それぞれであり、自分にとって一番学びとなるものに表れるのです。

厄年、バイオリズムとは何か

厄年と健康

人生にはバイオリズムというものがある、と申し上げました。

肉体に、それが顕著に表れると言えるでしょう。例えば、年齢を重ねると「やっぱり体力が落ちたな」と感じるように、ずっと同じ調子で動かせるわけではないのが肉体です。人それぞれに違いはありますが、今までの人生を振り返ってみて、肉体的な調子に波があると感じたことが誰しもあるのではないでしょうか。

一般的な厄年は数え年でカウントし、男性は25歳、42歳、61歳、女性は19歳、33歳、37歳というのが主流のようです。最近はそれ以外の年齢でも厄年とする場合がありますが、これらの年齢を見てもわかるように、厄年は男女それぞれの体調の変化を感じやすいときなのです。特に、男性の25歳は社会人としてまだまだ不慣れで、仕事で何かと気を使いストレスもたまりやすい頃でしょう。男性の大厄とされる42歳は、働き盛りでつい無理をしがちな年齢。それまでの不摂生も表れやすくなります。20歳前後の女性は自立も含めて人生の方向性に惑う時期でしょうし、30代は結婚や妊娠をどうするか考えるときでもあります。なおかつ現代では仕事を持つ女性も多く、20〜30代は婦人科系の病気やストレスなども増える年代です。となると、男女ともそれぞれ心身に負担がかかったり、それまでの歪《ひず》みが表れたりする節目の年齢と言えるのです。

節目が好きな日本人は、昔からこうしたことを生きる知恵として生かし、健康管理にも役立ててきました。もちろん人それぞれに体質も、生活習慣も違いますから、バイオリズムの波も違います。そういう意味で厄年に加えて前厄、後厄という前後1年の誤差のようなものを、昔の人は考えていたのではないでしょうか。

つまり厄年も含め、バイオリズムが低いときはメンテナンスのときであり、自分の体をチェックしながら暮らし方を見直すときとも言えるのです。

ですから、「厄年は何に気をつけたらいいでしょうか?」と尋ねる人に、私は「まずは人間ドックに入って、健康状態をチェックするといいですよ」と、お答えしています。もちろん誰もが厄年に病気になるわけではありません。前述のように、因縁果があってのことですから、いたずらに怖がる必要はないのです。ただ、節目として一度、体をチェックすることは重要でしょう。

病の意味

スピリチュアルな視点で見ると、病気には三つの種類があると考えます。

一つは肉体の病。過労や不摂生を続けていれば、やはり肉体に歪みが来るわけで、それが病気として表れるのです。

二つ目は思い癖の病。誰にも思考の癖というものがあります。それが病として表れる場合です。クヨクヨしがちな人は胃が痛くなったり、消化器を悪くしやすいというのがその一例です。

三つ目は宿命の病。人は寿命も含め、自分の学びのためにカリキュラムを決めてこの世に生まれてきます。それが宿命です。そのカリキュラムに関わる先天的、後天的な病気も含め、寿命に関わる病気も宿命の病です。

この三つはバラバラなようでいて、密接に連動しています。過労、不摂生をするというのも、その根底には思い癖があるからこそ、体に良くない生活習慣を改められないのでしょう。生活習慣を改善できなければ、本当はもっと長い寿命なのに早まってしまうかもしれません。

自分自身のことに限らず、身近なことや地球規模の問題も、寿命や病気に大きく関わっています。住宅建材によるアレルギー、光化学スモッグ、環境汚染や放射能問題などがそうです。私たちは、これらを自分の意思で選択することで、自分たちの未来、いわゆる運命を変えることができます。ということは、悪い方向に舵《かじ》を切れば、宿命という寿命さえも縮めてしまう可能性があるということです。とはいえ、悪い生活習慣や考え方をしている人が、必ず病気になるとは限りません。

しかし、怠惰な生活を改めたり、クヨクヨしがちな考え方を大らかな心持ちへと変えたりするだけでも、心身に良い影響はあるのではないでしょうか。そういう意味でも、病に対してスピリチュアルな視点を持つことは、あなたを変える一つの良いきっかけになるでしょう。

「備えよ、常に」のメッセージ

人間はある程度生きていると、肉体はもちろん、精神面でも疲れる節目があります。前述したように昔の人の知恵で、それを表したのが、いわゆる厄年であり、自分を見直す健康チェックの暦のようなものだと考えるとよいでしょう。

現代の平均寿命は、男女ともに80歳を超えています。厄年が61歳までしかないのは、人生50年などと言われた頃の知恵だから。今ならば80歳や90歳くらいまで、肉体的な厄年があってもおかしくないかもしれません。つまり「備えよ、常に」です。

厄年に人間ドックに入って、「健康体」だと太鼓判を押されても安心してはいけません。生活自体を見直し、その後の経過も追いたいものです。それによって病気の早期発見につながるかもしれません。前厄、後厄も「気を抜かずに、ちゃんと経過を見ること」「人によっては誤差もあるから気を抜かないで」というメッセージと受け止めましょう。

特に、女性には更年期という大きな節目があります。50歳の前後5年が更年期というようですが、早い人では30代から症状が出る場合もあるそうです。それほど人によって違いがあるのですから、バイオリズムも違います。ですから、このような節目を参考にして、体のメンテナンスを考えるといいのではないでしょうか。

私自身の話をすれば、30歳のときに人間ドックに入りました。特に不調も感じていませんでしたが、「30歳の節目の記念に」と思ったのです。そのとき、胆石が見つかりましたが、当時は経過観察のみで治療はしませんでした。

ところが2年後、ひどい腹痛に見舞われ、私は救急車で病院に運ばれました。あちこち検査しても原因がわからず困っていたとき、私は「もしかしたら人間ドックで見つかっていた胆石ではないだろうか」と思い出し、自ら医者に申告しました。その結果、胆石が原因とわかり緊急手術となったのです。

では私の手術は、厄という災いでしょうか？

ひどい痛みや手術は悪いことのように思えますが、人間ドックを受けていたおかげで原因が早くわかり、対処も速やかにできたのですから、苦しみは短かった。見方を変えれば、不幸中の幸いとも言えるのです。手術や痛みを考えれば悪いことのようでも、結果的には良かったのですから、厄ではないでしょう。

よく「今まで病気一つしたことはありません。病院とは無縁です」と胸を張っている人が、突然、大病になるというようなケースがあります。逆に、「小さい病気をちょこちょこ患ってはいますが、そのおかげで気をつけながら生活しています」という人もいる。これは、バイオリズムの波が大きいか、小さいかの違いのようにも見えますが、パワーバランスも関係しているでしょう。後者の方は、健康のありがたみを身に染みて感じ、自ら生活を律しています。日々の努力という負を課して生活しているから、健康という正が得られていると分析できるのです。

厄年に限らず、自分の今までの人生を振り返って、自分の健康のリズムがどういうものか見直してみることも大切です。今、すごく健康だという人も過信せず、「備えよ、常に」を忘れず、振り返りと見直しをしていきましょう。

あなたとバイオリズム、その主従関係

厄年というのは、日本人にとってわかりやすい節目です。しかし、ほかにも年回りや天中殺など、さまざまな言い方や解釈が巷《ちまた》にはあります。それらもすべてバイオリズムに関わる考え方と言えるでしょう。

もしかすると「私には四柱推命で言うところのバイオリズムが当たる」などという方もいらっしゃるかもしれません。私はそういう考えもいいと思います。例えば、ゾウにはゾウの心拍数のリズムがありますし、ネズミにはネズミのリズムがあり、同じモノサシでははかれないもの。つまり、人によってバイオリズムの波は違うから、何を参考にしてもかまわないのです。自分のバイオリズムがまったくわからないと思う人は、厄年を一つのヒントにしてもいいと思います。

ただし、厄年やバイオリズムに囚われて生きるのは違います。

もしも、厄年を含め、そのほかのさまざまなバイオリズムのすべてを信じていたら、毎年が「厄年」になってしまいませんか？　もちろん「備えよ、常に」ですから、備えの気持ちを持つのはいいことです。でも、それに振り回されてはいけません。

どういうことかというと、「主役は自分であり、バイオリズムではない」ということ。その主従が逆になると、「厄年だから結婚できない」「今日は北に行くと厄に見舞われるから北への旅行はダメ」などとなってしまいます。さらに「厄年だからお祓いに行かないと」「厄年だけど、厄が来ないためにはどうしたらいいんだろう」とビクビクしてしまうでしょう。これでは転ばぬ先の杖を間違って使っているようなものです。

生きている自分、運命を切り拓く自分が主であれば、バイオリズムはあくまでも参考にする従。厄も厄年も、そういうものがあって私たちがあるのではなく、私たちがいて、それらを利用するだけ。それが理解できれば、「厄年か。そういえば最近、人間ドックにいっていなかったから行こう」とポジティブなシグナルとしてとらえられるでしょう。

心配は「心を配る」ということ

厄や厄年に振り回されてはいけないというだけではなく、知るならばしっかりと厄や厄年、バイオリズムのメカニズムを知っておかねばなりません。そうでないと、中途半端な知識やイメージで、逆に自分が墓穴を掘る場合があるからです。

例えば厄や厄年というのは日本人ならではの考え方です。お正月に初詣に行けば「今年が厄年の人」というタイトルで生まれ年が書かれた紙が貼り出されているのを見るでしょう。それに自分が当てはまると、それだけで心配になるのではありませんか?

しかし、心配は「心を配る」と書くように、心をネガティブなほうに持っていってしまいがちです。「落ちるかも」と思いながら平均台を歩くと、そちらに気を取られ、本当に落ちてしまうのと同じ。

「思い返せばあんなことが起きたのは厄年だった」などと振り返るのも、当時は心配していなかったようでいて、実は「厄年=良くないことが起こる年」と結びつけている証拠。

これが厄年をまったく知らない国の人ならば、気にせずに一生を過ごすのではないでしょうか。

とはいえ私たち日本人は、生まれたときから厄や厄年のイメージをすり込まれているようなもの。だとしたら、徹底して理解しなくてはなりません。つまり、誤謬《ごびゅう》を正して、本当の厄年、バイオリズム、厄を知り、それらに振り回されないことが重要です。

そうすれば「厄を祓ってあげます」と言うインチキ霊能者に、大金を払うことはありません。「厄年なんでしょ。大変ね」と誰かに言われても、ビクビクすることもないのです。

もちろん「落ちない」と思って平均台を渡っていても、疲れて落ちることはあります。それは前述のようにメンテナンスが必要な節目ということ。ですから理論を理解すれば、腹くくりの準備もでき、鷹揚に厄や厄年をとらえることができるでしょう。

バイオリズムが低いときとは

バイオリズムが低いときを一言で表すなら「夜」です。

夜になると悪いことばかり考えて、かえって眠れなくなりませんか？「今、考えたって始まらないのに」と思いながらも、つい考えては不安になり、焦ってしまう。感情が優位になってしまうからです。明るくなってから動けばいいのに、準備もそこそこに「今、やってしまいたい」と闇雲に動き、失敗するのです。その失敗をあなたは「厄」と呼ぶかもしれません。だから「バイオリズムが低いときは厄が来るのだ」と。

夜は寝るのが鉄則。心身ともに休め、翌日の準備をする時間です。朝になれば、感情は収まり、理性的な行動ができるはずです。ですから、厄があったとしてもそれを作り出したのは自分の軽率な感情による焦りの行動です。

こんな例があります。ある人が勤めているお店を辞めて独立し、友達と一緒に新たなお店を始めようとしました。けれど、開店準備を進めていくうちにだんだん二人の意見が合わなくなり、結局開店を断念したそうです。それがちょうど厄年の出来事だったので「やっぱり厄年だから失敗したのかな」と話していたそうですが、それで片付けてしまうのは短絡的です。もちろん厄年ということを考えれば、仕事や人間関係で惑いが出るという節目だったのかもしれませんが、やはりその人のバイオリズムが低下していたと言えるでしょう。

なぜかというと、独立しようとした理由の一つが「勤めているお店に不満があり辞めたかったから」だとか。それは逃げの独立。逃げというネガティブな考えを受け入れてしまうのは、バイオリズムが低いとき、すなわち「夜」だからです。加えて今、独立しようと考えるのも、不安にさいなまれ「すぐにやってしまいたい」と動きたくなる「夜」の心理です。

さらに友達と一緒に始めようとするのも準備不足の証拠。自己資金だけで開店できないから友達の力を借りてまで焦って動いてしまおうとしたのも「夜」の状態なのです。

厄年だから失敗という厄が来たと考えるのは短絡的でしょう。自己資金もないのに焦って逃げの独立をしたかった自分に原因があって、友達と揉めたり、開店できなかったりといった結果が表れたのです。

深く突き詰めてみると、厄年のせいではなく、厄年というタイミングに自分の覚悟のなさや、計画性のなさが浮き出ただけです。

また、私はよく「友達同士で事業を行うのは反対」と申し上げています。理由は、事業が上向きでも揉めるし、悪くなればもっと揉めるから。いずれにしても揉めるのです。もしやるのであれば、どちらがトップで、全責任を負うのかを、最初に決めておくことが重要です。

友達同士ではそれが曖昧になりがちで、揉めれば友達関係も壊れます。ですから一緒にやるときは「友達ではなくなる」という覚悟が必要です。

その覚悟もなく動き始めようとするのは、やはりバイオリズムが低下しているからでしょう。揉めるのも当たり前です。

もしも「本当に今、独立する必要はあるか」「友達と揉めたらどうなるか」と熟考し、「厄年だから、もう少し慎重になろう」と自分で立ち止まることができれば、厄年であることもうまく利用できたかもしれません。あるいは、「グチばっかり言って辞めたいと思っている自分は、もしかしてバイオリズムが低いのかな」と、逆に推測して、一呼吸置くこともできたでしょう。そうすれば、当然、厄を作ることもなかったのではないでしょうか。

バイオリズムに合わせてすべきこと

自分のバイオリズムが良いときの目安は、今の自分が充実しているかどうかです。そして転職を例に挙げるなら、自分の充実しているときに動くべきなのです。

ところが多くの人は、「もう、今の状態はイヤ」とグチや不満が噴出したときに、心機一転したくなり転職を考えがちです。しかしそのようなときは「夜」。決して良いタイミングとは言えないでしょう。バイオリズムが低下しているときは動きたくなる、というのを思い出して、踏みとどまることをおすすめします。

厄年やバイオリズムが低いときは、「より注意しましょう」と自分の真の姿を見せてくれるようなことが起こりがちです。それが厄なのであり、悪いことが起きているのではありません。そういう意味では、バイオリズムが良い、悪いなどと考えて一喜一憂するのではなく、そのときにすべきことをちゃんと理解していればいいだけのこと。お店で言えば、開店中か準備中かの違いです。バイオリズムが良いときは開店しているときですから、お客さんの対応をするなど、精力的に行動するといいでしょう。

一方、バイオリズムが低下しているときは、開店準備中です。何もしないわけではなく、未来を考えての仕込みという大事な作業があるはずです。もしも転職を考えているのであれば、資格を取っておくなどの勉強をするのが未来への仕込みではありませんか?

開店準備中なら帳簿もつけて、売上アップのために今後の方針も考えなければなりません。転職でいえば、これまでの自分を振り返り、キャリアアップできるように弱点を克服すべく実践の計画を立てるということになるでしょう。

つまり、仕込みがいかにうまくできるかで開店時の動きにも違いが大きく出るわけです。こうして考えると、バイオリズムが低下しているときが単純に「悪い」とは言えないのがわかっていただけるはずです。ましてや、何もせずおとなしくしているなどもったいないことなのです。

厄は防げるか

自らが蒔いた種を刈り取る時期

厄年には「健康に気をつけましょう」と前述しました。人はずっと頑張れるわけではなく、疲れていれば集中できなかったり、注意散漫になることもあります。ですから事故、ケガ、病気など、いろいろなことに、より注意をするときでもあります。

また、バイオリズムが低いときは、「焦って感情で動きがちなので、行動には注意しましょう」とも述べました。そこで動き、トラブルへと発展してしまうのは、自分自身の蒔いた種を、トラブルとして刈っているだけとも言えるでしょう。それを人は厄と言うかもしれませんが、自分の真の姿を見せてくれたわけですから災いではありません。むしろ自分を映し出す鏡なのです。

しかし、世の中には冤罪など、本当に降って湧いた災いのようなものに見舞われるケースもあります。

これには二通りの理由があると考えられます。

一つは、非があるとまでは言えないものの自分がどこかで気を抜いているなど、油断があって誤解されてしまうという場合。痴漢などでは冤罪もあるようですが、そうならないように電車の中では両手を挙げてつり革を摑むなど、誤解を受けない体勢を取ることも大切。いつ自分がそういう目に遭うかわからないと考え、油断しないことです。

もう一つは、まったく自分に非がない場合。いわゆる「もらい事故」のようなケースです。これはたましいの視点で見なければ、本当の理由はわかりません。

つまり、今の人生だけ見ていればまったく非がないけれど、前世までさかのぼると、何かしらの因があるという場合があるのです。厳しいようですが、それもまた自分自身の因であることに変わりありません。もちろんそれは前世から続く罰ではありません。前世のことであれ、自らで蒔いた種は自らが刈り取る「因果の法則」があるだけです。

例えば自分の性格一つでも、頑固な人は前世もやはり頑固であった可能性があり、それゆえに人を傷つけている場合もあります。悪い種を蒔いていたかもしれないのです。

前世に何をしたかわからないのではどうしようもないと思うかもしれませんが、その「もらい事故」は絶対に防げないのかといえば、そんなことはありません。

私はいつも「幸せになりたかったら人を幸せにしなさい」と、申し上げています。つまり良い種を率先して蒔くことで、先々の大難が小難になることはよくあります。プラスをたくさん作っていくことで、マイナスの繰り上げ返済をすることもできるのです。

ところが、多くの人は自分を変えようとしません。良い種を蒔かずに、ただ、ありのままに生きてしまいます。そして身代わり地蔵に「厄が降りかかりませんように」と願うのです。いくらお地蔵様でも、身代わりになってもらおうなどというのはひどい話です。自分さえ良ければ、お地蔵様が厄を被ってもかまわないというのはあまりに身勝手では？　そんな身勝手さが、将来への新たな悪い種蒔きになってしまうかもしれません。それよりも、誰かのために自分が役に立てないかと考え、行動していくほうが、良き種まきをすることになるはずです。

「ありのまま」を変える

ご存じの方も多いでしょうが、ここで改めて宿命と運命について、お話ししておきましょう。

宿命とは、時代や国、性別や家族など変えられない自分の素材です。自分が生まれてきたテーマであり、カリキュラムがそこにすべて込められています。私たちは自分自身を見つめるためにこの世に生まれてきています。そのカリキュラムを学ぶべく、必要のあることだけが今の自分に起こっています。逆を言えば、自分のカリキュラムにまったくゆかりのないことは起きません。

運命とは、その宿命という素材をどう自分で料理するかという部分です。未来が決まっていないのは、料理の仕方次第で美味《おい》しくもなれば、不味《まず》くなることもあるということです。

この話をすると「自分を見つめるカリキュラムがあるならば、前世でクリアしていないことは今回、クリアしないといけないんですね」と尋ねられます。まるで難題をやり残しているかのように考えているかもしれませんが、実はだいたいがクリアできるものであって、多くの人は宿題を先送りし、ためている場合が多いのです。

例えば、自分の考え方の癖、いわゆる思い癖というのは、なかなか直せません。生まれたときから自分の身の回りに起こっていることを振り返っても「わかっているのにやめられない」というものがたくさんないでしょうか？　それは前世から引き継いだ自分の思い癖でもあるのです。また、人は自分に甘いのが常。「ありのまま」でいたいと思うものです。「いつも自分はこう考えてしまう。でもそれが自分だから人にはそれをわかって欲しいんだよね」と。「だって私ってこういう人だから」などはその典型的なセリフ。

「ありのまま」の自分を理解したら、それは変えなければいけません。素のままの自分だから、今まであちこちで人とぶつかったり、何かとトラブルを起こしたりしているのではありませんか？　ありのままの裸の姿で転んだら血だらけになるのは当たり前。ありのままの姿を理解したら、ひとまず自分に合った服を着なければならないのです。

誰もが自己中心的な時代です。しかし「自分を甘やかす」だけで、終わってしまうのは怠惰でしょう。そして自分が何も努力しないままバイオリズムの低い「夜」になってしまい、不安になり、フラフラと出歩いて、厄というワナに落ちてしまうのです。

自分を大事にするのはとても良いことだと思います。なぜなら、自分を大事にするからこそ成長のために自分を変えようとするのです。それはたましいを磨くために生まれてきた、私たちの大きな目的でもあります。

バイオリズムが低下しているなら、あるいは厄と感じるようなことが起きているなら、なおさら「ありのまま」の自分をよく見られるでしょう。まさしく、自分を変える準備と実践のときではないでしょうか。

因縁は怖くない

前世も含め過去から引き継いだ原因や縁を「因縁」などと言ったりしますが、それが厄として表れるかもしれないと考えると、とても怖いもののように感じるでしょう。でも「因縁」は言葉の面が怖いだけ。身近なことで言えば「この性格ならこうなっても仕方ない」ということはありませんか？　例えば、理不尽なことばかり言っている人が、理不尽な目に遭ったり、人にキツい言葉を投げつける人が、事故に遭ったり。まったく同じこととして自分に返ってくるとは限りませんが、やはり因縁果、原因は自分の思考や行動にあり、なんらかの形で返ってくるのです。

そこで大事なのは自分に気づくこと。気づけないのは自分に都合のいい角度でしか、見ようとしていないからです。もしくは気づいても、感情だけで判断して「だから私はダメなんだわ」と落ち込んでしまうから。それは自己憐憫《れんびん》に過ぎません。

何かの厄だと感じるときは、感情でものごとを見てはいけません。「こういう目に遭ったということは、ここを直さなきゃいけないんだな」と、理性で判断するだけです。あとはやるか、やらないかの二択だけ。

もしもシロアリという因縁のせいで家が傾きそうになったら、泣いていても仕方ありませんよね。因縁を怖がって目を背けていたら、なんの解決にもならない。シロアリを駆除するしかないのですから「泣くより行動」。すぐに駆除業者に電話です。因縁が教えてくれた出来事に気づき、自分がどう変われるか、どう行動できるか。その要となるのは理性のみなのです。

傷口はほじくらない

ケガをすると血を見るのがイヤだからと、傷口を見ないようにする人がいます。でも、やはり傷口を見なければ手当てはできません。

逆に、傷口が気になって仕方がなく、いつまでも触っている人もいます。それで余計に化膿してしまう場合も。

つい気になって傷口をほじくってしまうのは、バイオリズムが低い「夜」であり、ほじくってしまう行動は、朝まで待てないというその人の思い癖によるものです。

失恋したからといつまでもぐずぐず落ち込んでいたり、泣き続けたりする人は、「だって、いつ朝が来るかわからないから」と言うかもしれません。でも、「傷口はかさぶたがつけば、じきに治ります。朝まで待てないのはわがままですよ」と、申し上げたくなります。

別れに傷ついても、時間という薬が癒やしてくれます。「夜」ならば、朝になるのを待つだけ。明けない夜はなく、必ず朝は来るのです。それは宇宙の法則でもわかりきったこと。「雨降って地固まる」「人の噂も七十五日」といった言葉も思い出してください。同じことはずっと続かないのがこの世の常だと覚えておきましょう。

人生のスパイスを上手に効かせる

人生は何もないのが当たり前なのではなく、何か起こるのが当たり前です。

つつがない人生を望んでしまいがちですが、それではこの世に生まれてきた意味がありません。たましいが成長し、進化するためには、さまざまな経験をして、そこから喜怒哀楽という感動を味わうことが大切なのです。だから「経験と感動が大切です」と、私はいつもお話ししています。

人生は旅。そのさまざまな名所を巡るうえで、喜怒哀楽はスパイスのようなものです。旅先での料理にスパイスを上手に効かせられるかは、あなたの腕次第と言えるでしょう。

人生がそういうものだということを理解しなければ、厄も、厄年も、バイオリズムも上手に活用できないのです。

何度も申し上げますが、人生には良いとき、悪いときという区別はありません。言うなればすべてが良いときです。なんでも順調なときは霊界からも「頑張れ！」「もうちょっと出歩いて活動してきなさい」と後押しされているでしょうし、悪いと思えるときは「夜なんだから寝なさい」「歩き回るより自分を見つめなさい」と、言われているのです。

よく「バイオリズムが低いときほど、厄は出やすいのですか？」と尋ねられます。そういう言い方もできるでしょうし、自分自身を見せるためにバイオリズムがあるという言い方もできるのではないでしょうか。

人生には何かあるのが当たり前で、人生の節目に、何かしらの課題を自分に課すこともあります。それが厄と呼ばれるものだとして、ではなんでも甘んじて受け入れなければいけないのでしょうか。もちろん受け入れることは必要でも、何も考えず無防備に受け入れる人と、気を引き締めて準備をしたうえで受け入れる人とでは、違いが出るでしょう。前者ならば大難、後者ならば小難と言うのかもしれません。

また、人生の舵取りをしているのは自分です。運命を作るのも自分です。ですから、厄や厄年、バイオリズムをどうとらえ、それをどう生かすかは自分次第。

さらには、何か起こるのが当たり前の人生だという腹くくりができていれば、厄年以外のときでも常に気を引き締めていられます。ビクビクせずに、人生の旅を楽しめるでしょう。

厄を大きくする人、バイオリズムを下げる人

あなたが自分の望まない部署に異動になったとします。あなたはそれを「こんな部署になっちゃって、これはバイオリズムが下がっているな」と考えますか?

答えは「バイオリズムとは関係ありません」です。

「でもまったく畑違いの分野で、行きたくない部署だったんです。勤務体系も変わるし、部署の人たちはなんだかちゃんと仕事してない雰囲気だし、あんなところで働くのかと思ったらへコみました」と文句たらたら。

一見するとバイオリズムが下がっているように見えますが、これは自分でバイオリズムを下げているのです。

会社勤めにおける仕事とは、自分の技能を提供して、お給料という対価をもらうことです。仕事をするのは生活していくため。これが解雇されたのであれば別ですが、異動なのですから、今

までと変わらず仕事はあるし、お給料ももらえる、食べていけるはずです。ということはバイオリズムで言うところの「昼」も「夜」もないでしょう。仕事は仕事。感情ではなく理性でするもの。言うなればフラットな状態です。だからこそ、実力次第でキャリアを上げていくこともできるのです。

それを「でも、だって」と不満を言い立てるのは、感情を優位にして、小さな傷口をほじくり返し、大きくしてしまうようなもの。望まない異動を厄だと考え、勝手に自分で大きくしているのです。グチばかり言っていれば周囲の人にもとげとげしくなり、同僚と喧嘩にもなるでしょう。そして「あの人とは話したくないわ」と友達も離れていく。小難を大難にするだけでなく、雪だるま式に厄が続くかもしれません。これではフラットだったバイオリズムも下がっていくでしょう。負のスパイラルにハマり、仕事もパッとせず、次は閑職へと異動になってしまうかもしれません。それではまったくの墓穴掘りです。

「こんなヒドイことがあったんですよ」とグチっぽく言う人に対して私が思うのは、「なぜ不幸の数ばかり数えて、幸せの数を数えないのだろうか」ということ。近視眼的な人は自らで厄を大きくし、バイオリズムも下げがちです。

バイオリズムが低いと思うならそれでもかまいません。ならば、「自分の姿を見るときだな。自分を見直すチャンスだ」ととらえるべきです。部署が変わった記念に健康診断に行く。もしかしたらそこで何かが見つかるかもしれません。「早期発見でラッキー！」ということもあるでしょう。グチばっかり言っていた自分を見直し、ポジティブに変えるのです。

視野を広げ、視点を変えれば、良いことはたくさん見えてくるはずです。新しい部署だからこそ、自分の思い通りに仕事ができる。仕事をしていない人のなかでバリバリやれば、評価も上がって道も拓ける。勤務体系が変われば、今までとは違う生活スタイルを楽しめる。大切なのはそんなふうに視点を変えること。自分で自分を決めつけずに、幸せの数を数えること。それが自分の思い癖を変えることになり、バイオリズムを高めることにもつながるのです。

厄と憑依

憑依霊はお友達

憑依《ひょうい》されると聞くと、「それこそ災いだ、厄だ」と思う人は多いでしょう。しかし、それは大きな誤解です。ここまで読んで、厄が災いではなく、自分の本当の姿を映す鏡のようなものだというロジックが理解できていれば、憑依についての被害者意識的な誤解もすぐに解けるはずです。

あなたは病院でレントゲン撮影やMRI検査をするとき、「そんなところまで見るなんてひどい！」などとは思わないでしょう。体の隅々まで見ることによって、病気を発見する手助けとなってくれるのですから、適切な処置を取られてありがたいと思うのではないでしょうか。

厄やバイオリズムも、それと同様で自分を浮き出させるものです。では、それがどうやって浮き出るか、どのように自分の姿を見せられるかに関わるのが憑依です。いわば、憑依はクリーニングの達人で、汚れを浮き立たせるような役割。浮き出た汚れに気づき、取り除けば、浄化されます。つまり憑依も、厄同様、悪いことではないと言えます。

憑依もまた「憑《つ》く」という漢字から受けるイメージのせいか、恐ろしいものだと思い込んでいる人が少なくありません。この世に未練を残し亡くなった人が、生きている人に取り憑いてしまうのだと思っているのかもしれませんが、これはまったくの誤解です。憑依霊は悪霊ではありません。

あなたには友達がいるでしょう。もしかしたら付き合っている人や、夫や妻というパートナーがいるかもしれません。実はこれらはすべて、あなたの憑依霊です。

「生きている人なのに憑依霊?」と思うでしょうが、生きている人も霊的な存在、たましいの存在です。亡くなっている人と違うのは肉体があるかどうかだけ。ですから広い意味では、人との関わりはすべて、たましいが引き合わせる憑依といっても過言ではありません。そういう意味で憑依霊はお友達。類は友を呼ぶという意味の「波長の法則」で引き合ったお仲間であり、縁結びで結ばれたお相手とも言えます。

憑依によって自分が見える

ではなぜ、憑依によって自分自身がより見えるのかと言えば、自分のなかにあるものが、憑依霊との相乗効果でより表れるからです。ときにはそれが二乗、三乗になって、「どうしてこんなことをしてしまったのだろう」というところまで発展してしまうことも。

人間は未熟だからこそ、この世に生まれてきます。つまり、この世は未熟なたましいだらけ。それだけに憑依も日常茶飯事だと思ったほうがいいでしょう。「どうしてあんなのにハマっちゃったんだろう」というようなことから、お酒で身を滅ぼすというようなことまで、憑依の場合があります。

例えば、お酒が大好きでちょっぴり酒癖が悪いAさんがいたとしましょう。Aさんはふだん、本音をあまり口にできず心にため込んでいます。それがお酒を飲んで、くだを巻くというような酒癖に表れているのです。

Aさんに、やはり酒好きで酒癖の悪い憑依霊が憑いたとします。「波長の法則」での類は友を呼ぶです。憑依霊はAさんに似ているので、酒を飲みたい未練、本音を言いたかった未練があります。すると憑依霊はAさんに「もっと酒を飲め、もっと本音を言え」と煽《あお》るのです。次第にAさんは酒量も増え、人が変わったようにひどい口調で本音を話し出す、ということになります。

でもこれは、Aさんに「酒好き＋本音が言えないのに言いたい」という元があるからこその相乗効果。酒も飲まず、ふだんから本音が言える人であれば、憑依霊がいくら煽っても反応しないでしょう。

生きている人間の友達も憑依霊だと申し上げましたが、ついつい友達に煽られて、いつもはしないような悪ふざけをしたり、余計な一言を言ってトラブルになった経験はありませんか？

なかには「あんた、だまされてるんだよ。許せるの？　ダメよ、そんなんじゃ」などと友達に言われて、そこまで思っていなかったのに「許せないよね、やっぱり仕返しすべきだ」とヒートアップ。相手にケガを負わせるなどの事件にまで発展するケースもあるでしょう。煽った友達が悪いと思うかもしれませんが、それは自分を棚に上げているだけで、お門違いもいいところ。怒りを膨らませて仕返ししたいという元を持っている自分に目を向け、煽られるままになった心の弱さに気づかねばなりません。もし「煽った友達が悪い」と思った人は、すぐ人のせいにする自分にも気づかねばならないでしょう。

もしも前述のように「許せるの？」と言われても、「別にどうでもいい」とクールになれるなら、自分に煽られる元もなければ、相手との波長も違うのでしょうし、お仲間でもないという証しです。つまり自分で自分を律し、何事にも動じない己というものをしっかり持っていれば、お仲間とつるむこともなく、憑依の影響など受けないはず。

私がよく「憑いた霊が悪いのではなく、憑かれる自分が悪い」と申し上げている理由もここにあるのです。

依存が憑依を呼ぶ

人はつい他人のせいにしがちで、依存してしまいます。打算で付き合い、相手の人格に問題があっても見ないようにしたり、「付き合っていれば得かな？」などと考えてしまいがちです。ときには「どう見てもまともな人じゃない」と思うような人とも、寂しさを紛らわすために付き合うことも。これらはすべて依存です。孤高に生きられず、他者に依存しているのです。

「寂しいと自分をコントロールできないんですよね」などと言う人もいますが、「コントロールできない」というのは他力本願ですし、自己憐憫。誰かに責任転嫁しているようなものでしょう。

「食べさせられたから太ったの？　自分で食べたから太ったのでしょう？　じゃあ、食べなきゃいいじゃない」というのと同じ。「できない」のではなく、自分がコントロールするしかないのです。それが自律ということ。

あなたは、いつのまにか自己憐憫や依存心を抱いていないでしょうか？　それさえも気づけなければ、憑依にも気づけません。いつも以上にネガティブになったり、感情の起伏が激しくなったり、「どうしてこんなに」と思うほど人と摩擦を起こして、トラブルが続くというようなことは憑依のサインとも言えます。そこで自分の変化に気づき、己でコントロールする、つまり律することができれば、軌道修正は可能です。

バイオリズムが低下しているときは、心身ともにコントロールができないときでもありますから、いつも以上に自分を律する心構えが大切になるでしょう。

とはいえ、憑依に気づき「じゃあ、お祓いしてもらおう」というのも依存です。そんな気持ちで神社などに行けば、「誰かに何かしてもらおう」と思っている依存心の強い霊と意気投合してしまうかもしれず、お祓いどころか新たな憑依を生むかもしれません。まずは自分を見つめ、内省し、波長を高めようと努力するのが先です。

憑依の具体的な対処法については、第2章でも詳しくお話ししていきますが、これだけは忘れてはなりません。憑依はあなたの合わせ鏡であり、縁組み。大切なのは鏡をよく見て、自分が変わることです。

厄祓いとは何か

厄祓いは必要か

「厄年にはお祓いに行ったほうがいいのだろうか?」という疑問を、あなたは持つかもしれません。

そんなあなたに私はこう尋ねたいのです。「なんのためにお祓いに行くのですか?」と。

「厄年に厄が来ないように、祓っておきたいのです」

「トラブル続きなのは、バイオリズムが下がっているせいだと思うので、お祓いでバイオリズムを上げたいんです」

もしも、あなたがこのような理由でお祓いに行くのだとしたら、私はまずこう申し上げます。

「金儲け主義のインチキ霊能者、変な宗教や占い師には気をつけましょうね」と。理由は、あなたのその依存心につけ込んでくる輩《やから》が大勢いるからです。

厄や厄年にビクビクして、誰かになんとかしてもらおうとするあまり、「○○円出せば、厄を祓ってあげます」「これを買えば、あなたのバイオリズムは良くなります」という言葉にすがってしまう人を、たくさん見てきました。さらには、お金を払ってお祓いしてもらったのにちっとも人生が好転せず、「なけなしの財産をだまし取られた」と言っている姿を……。

厳しいようですが、だまされたと思うのは被害者意識。もちろんだますほうが悪いのですが、自分にも「なんとかしてもらいたい」という依存心があったから、打算的な「お見合い」が成立したのです。

厄や厄年、バイオリズムについて理解していたら、誰かに祓ってもらうのではなく、自分で自分を変えることが一番大事なのだとわかるはずです。厄年には体を見直し、健康に気をつけること。また、バイオリズムが低いと感じたときは、未来への準備をしながら、次の行動のときを待つ。その辛抱こそがお祓いであり、自分でできることです。

それが理解できれば、「厄を祓ってあげます」「これでバイオリズムが良くなります」などという言葉が、まやかしであることはすぐにわかるでしょう。「厄を祓わないと恐ろしいことが起こりますよ」などと脅すようなものは、すべてインチキだと断言しておきます。

本当の厄祓い

もちろん寺社へ厄祓いに行くこと自体を、私は否定しません。「お祓いに行っておけばよかった」といつまでもクヨクヨしてしまうような心配症の人は、氏神様などの神社へお祓いに行ってもいいと思います。前述した平均台の理論のように、心配しすぎて心がそちらに引っ張られるくらいなら、行って気持ちを切り換えたほうがいいからです。

ただ、行くのなら「自分自身を見つめるための時間だと思ってお祓いに行きましょう」と、申し上げたいのです。もしも自分が厄だと思う出来事に遭い、自分を省みることができたのなら、「自分の姿が見えました」と報告に行くといいでしょう。トラブルがあるわけではないけれど、厄年という節目に自分を見直そうと決意しているのなら「自分を見つめる年にします」と、誓ってもいいのです。

そして健康診断を受け、生活を見直し、人間関係はどうかな、これまで仕事をしてきてどうだろうか、人として生き方は大丈夫だろうかと、見つめるきっかけにすれば、充実した厄年になるはずです。

例えば、人に対してとげとげしく生きていたけれど、これじゃあ、とげが刺さるようなことも起きるかもしれないから改めよう。そんなふうに省みることができたら、そう報告に行きましょう。それがいい気持ちの切り換えになって、厄落としになるのではないでしょうか。

私は「人生は回転寿司から学べ」と、よく言っています。多くの人たちが思う厄祓いというのは、回転寿司に行っても目の前のお皿だけを見ているに過ぎません。必死ではあるけれど近視眼的に見ているから、乾いたホタテのお皿を取って、「厄が来た」とがっかりしてしまうのです。

本当の厄祓いとは、前ばかり見ていた今までを反省し、斜め45度に座り直すこと。先を見据え、連なるお皿を遠くから見比べながら、「さあ、いいネタを取るぞ」と誓うこと。その念力と集中力があるから乾いたホタテではなく、ツヤツヤのホタテを取ることができるのです。

もしも厄がなかったら

人生にはバイオリズムがあると申しましたが、その波のなかで起こることは、健康面も含めて、すべて自分にとって良きことです。それを厄という災いにしてしまっているのは自分自身。本当の意味での厄は自分を映し出し、軌道修正するチャンス。それが厄のメカニズムです。

事故に遭ったり、病気になったり、こうしたことは誰にでも起こる可能性のあることです。実際に自分が当事者になれば、安全や健康のありがたみが身に染みてわかるはずです。自分を治療したり、癒やしてくれたり、心配してお見舞いに来てくれたりする人への感謝も湧くでしょう。それが優しさとなったり、違う立場の人たちへの思いやりになったり、今まで気づかなかったいろいろな人の気持ちがわかるようになることもあります。

もしも厄というものがなく、風邪の一つもひかなければ、優しさのかけらも実感できない、傲慢な人間になってしまうでしょう。自分が病気で寝込むから、病に苦しむ人の辛《つら》さをほんの少しでも理解することができるのです。痛い思いをするから考え方を変えたり、今までよりもっと深いところまで理解できるようになるのではありませんか？　そういう意味でも、厄は自分を良き方向へと軌道修正するための鏡です。

だから、自分に起こることでマイナスなことは何もありません。

なかには「学びのために生まれてきているなんて言われても信じられない」という方もいるかもしれません。しかし、理性的に考えてみてください。自分の短所を克服することは、自分にとって良いことではないでしょうか。厄は自分の短所を見せてくれる鏡のようなものです。それを見て克服していく。ただそれだけだとしても、自分にとって悪いことではないと思いませんか？

第2章では、多くの人が「厄」だと思っている具体的な事例を取り挙げていきます。厄に直面したと思ったとき、それをどう受け止めて浄化させるか、どんな学びがあるのかという分析の仕方を伝授しましょう。

それでもまだあなたが厄を災いのように思い、傷を負ったと感じても、くれぐれも傷口をほじくって化膿させてしまわないよう、傷の具合をしっかり見て癒やし、より良き未来へと進めるための対処法をお伝えします。さらに言えば、もっと手前で自分を見て改善できれば、深い傷を負わないようにできるかもしれない、そんなポイントもお話ししていきましょう。

あなたが厄に振り回されず、運命を切り拓き、自ら強く生きていくための極意が、たっぷり詰まっています。あなたの気になる厄から読み始めてもかまいません。そのほかの厄も、これから来たときに慌てないよう、予習のつもりで読みましょう。そうすれば、あなたは厄を災いととらえることなく、人生をより良くするために自分を見る鏡として上手に使えるようになるはずです。

第2章

あなたの厄を祓う極意

1 憑依の厄

憑依がどのように起こるのかは第1章で述べたとおりです。「憑く霊が悪いのではなく、憑かれる自分が悪い」ということを忘れてはなりません。

憑依は日常茶飯事だとも前述しましたが、憑依を受けているか、あるいは憑依霊を呼び寄せやすいタイプかを知るためのポイントを、ここではお教えしましょう。

□最近、目つきや顔つきが変わったと言われる。あるいは写真や鏡を見て自分でそう感じる。
□食べ物の好みが変わった。
□同じものを食べ続けるなど執着が強くなった。
□話し方が別人のようにガラリと変わることがある。
□人を口汚くののしるなど乱暴な口調になるときがある。
□嫉妬深くなったり、急に怒ったり、イライラするなど感情の起伏が激しくなる。

□独り言が多くなった。
□急に神社仏閣に行きたくなる。あるいは逆に近づきたくなくなった。
□ファッションの好みが変わった。
□自分のテリトリーに固執するようになった。
□不潔な生活が気にならなくなった。
□優柔不断になったり、逆に極端に短絡的な考え方に走ったりする。

一つでもチェックのある人は、気をつけなければなりません。憑依を受けるのは、自分に隙があるからであり、感情優位の状態だからです。感情的になりやすいバイオリズムの低いときは特に注意が必要なのです。

憑依は自分を浮き立たせます。自分の感情や、小我という自己中心的な考え方など、元からある弱い部分が二乗、三乗にも増幅してしまい、「魔が差す」というような誤作動を起こしてしまうことも。そうやって痛い目に遭うからこそ自分の姿にも気づくのですが、できれば誤作動を起こしたくはないもの。そのためには感情優位から理性的な自分へと変えていくしかありません。

理性で自分の弱さを強さに変えれば、憑依霊も「こんな自分ではいけないな」と気づき、離れていきます。憑依というとすぐに除霊だ、お祓いだと考えるかもしれませんが、自分が変わらない限りは、お祓いをしてもすぐに別の憑依霊とお仲間になってしまいます。

また、心の隙を作らないためには、肉体からのアプローチがとても重要です。睡眠不足や栄養不足、疲労がたまっていれば、感情をコントロールしにくくなります。更年期は憑依されやすい傾向がありますが、これはホルモンバランスの乱れによって感情的になりやすいからです。

肉体のケアも怠らず、肉体、感情、理性を三位一体と考えて、コントロールしていくことが最大のお祓いになります。

そのうえで、憑依されないためのポイントをお教えします。

●毎日、鏡を見ましょう

鏡を見ること、特に自分の目をしっかりと見ることが大事です。「今日の自分はなんだか怖いぞ」「急にやつれた感じがする」「いつもと雰囲気が違う」などと気づくことは、自分を取り戻す第一歩。憑依されているとしても、鏡を見ることで憑依霊が「自分じゃない」と気づき、離れる場合があります。

一人の時間を持ちましょう

自分を理性で振り返る時間は大切です。自分を見つめる内観のときを持つことは、自律と孤高に生きる基本となります。ＳＮＳも含め、誰かとつながっていないと寂しい、一人の時間はつまらないなどと考えていると依存心が生まれ、同じ波長のお仲間を引き寄せてしまいます。

規則正しい生活をしましょう

理性的に生きるには、規則正しい生活を送るのが一番です。夜寝て、朝起きる。栄養のことを考えながらきちんと食事を摂り、適度に運動をする。そして入浴も大切にしてください。運動や入浴で汗を出すと、一緒にネガティブな念も排出されます。

規則正しい生活が自律と理性につながることを忘れないようにしましょう。

これらは厄年だから、バイオリズムが低いから行うのではなく、ふだんから習慣にすることが大切です。日々の積み重ねが、あなたのたましいを強くするのです。

2 物から受ける憑依の厄

人からタダで物をもらうと「ラッキー！」と思ってしまう人は、物から受ける憑依の厄に注意が必要です。

例えば、「コレ私の指輪だけど、身内だからあなたにあげるわ」と言われて、もらったとしましょう。すると何かあるごとに「あのとき、アレあげたわよね」と言われ、あげくには「私の面倒、見てくれるでしょ」などと、トラブルに発展することは少なくありません。

また、ありがちなのは親が結婚した娘夫婦などに「家を建てるなら、お金を出してあげる」と言うパターン。一部でもお金を出してもらうと、生活から何から親がいろいろ口を出してくることに。しかしお金を出してもらった負い目もあって、その後に何かあっても文句が言えません。窮屈な思いに囚われ、家族仲が悪くなることも多いのです。

街角でたくさんの人を集めて、洗剤など安価な物をどんどんあげて、最後には高価な羽毛布団などを買わせるという詐欺まがいの商法があります。安い物であっても「もらっちゃったし」という気持ちにさせ、結局、高価な物も「断ったら悪い」と思わせてしまうのです。

いずれも「人の弱みにつけ込んでいる」と思うかもしれませんが、「タダで（安価で）もらえてラッキー」という打算と、あげる人の打算が引き合う「波長の法則」ではないでしょうか。それがお互いの相乗効果でトラブルへと発展するのは、まさに憑依のメカニズム。自分のなかにあるものが浮き出たのです。

言えるのは、「必要以上のものはもらわない」ということ。特にバイオリズムが低いときは「ラッキー！」という感情だけで行動しがち。そこを理性で考えれば、ものごとにはお代が必要だとわかるはず。何かをしてもらったら、必ずお代を払う。それはお金とは限りません。何か別の形でお返しをするという場合もあるでしょう。たとえお菓子でも、もらったら代わりに何かをお返しする。そうすれば自分は心苦しくなく、逆に相手は「あの子はしっかりしているね」と思うでしょう。

それができないのであれば、「断る」ことです。必要以上の物をもらえば、必ずパワーバランスが働きます。何かで返さなければならなくなると肝に銘じましょう。

3　遺品、アンティーク品、古着から受ける憑依の厄

前述のように、物をもらうという場面では断る勇気も必要です。特に遺品などは、亡くなった方や遺族の思いを自分が受け継ぐのは荷が重いということがよくあります。そういう場合は、はっきりと「荷が重い」と告げましょう。「物がなくても、心の中には生き続けていますから」と言えば角が立ちません。

遺品やアンティーク品、古着などはやはり使っていた人の念がこもっています。大切にしていた物ならなおさらです。特にアンティーク品や古着などをお店で購入する場合、どんな人がどのように使っていたかわかりませんから、注意しなくてはなりません。

海外では「座ると死ぬ椅子」などと呼ばれるアンティークの椅子が展示してあることがあります。西洋人にとって椅子は自分の座。それだけ念がこもるのです。ですから安易に他人が座らないよう、宙に浮かせる形で展示してあります。

もしバイオリズムが低く、妙に感情的になっているようなときは、やはりいつもは選ばないよ

うな妙な物との「お見合い」が成立してしまいます。理性を失ってまで、心が魅入られてしまう品があるときは、要注意です。「君子危うきに近寄らず」という諺《ことわざ》があるように、遺品をもらったり、アンティーク品などを買ったりするのは避けたほうが無難でしょう。

もし趣味でアンティーク品などを収集しているという場合でも、よほど自分のバイオリズムが良いときに、「これはいいな」という感覚になれるものを手に入れるべきです。

趣味として収集しているのかもしれませんが、軍服や人形は念のこもりやすい品です。また、剝製《はくせい》や刀など殺生にまつわる品も、もらったりするのはもちろん、収集はおすすめしません。

着物や宝石などを遺品でもらった場合は、リフォームするなどして念を浄化する方法もあります。すでにそうした遺品などが手元にあるという方は、拙著『あなたの呪縛を解く霊的儀礼』（講談社ビーシー／講談社刊）、『スピリチュアル プチお祓いブック』（マガジンハウス刊）を参考にしてみてください。

4 引っ越しの厄

バイオリズムが低いときは、気分転換の引っ越しをしたくなりますが、第1章でも述べたようにそれは「夜」だから動きたくなるというのと同じです。また、離婚などで「早く家を出たいからとりあえず」という気持ちでの引っ越しをするのも要注意。引っ越し先の物件との出合いも波長の法則が働きます。感情が先走り、理性で判断できないときは、波長が低い自分にふさわしい家と引き合ってしまうでしょう。そうすると引っ越し先でトラブルが続くなど、厄として自分のマイナス面をさらに見ることになるかもしれません。

バイオリズムが低いのであれば、引っ越しのために物件や場所に関する勉強をしながら待つことと。そして、例えば「職住近接で時間を有効活用するために引っ越す」など、明確な目的を決めることが大切です。自分が「調子が良いな」と思うときなら、その目的に向けて計画や準備を進め、目的に合った物件を選べるでしょう。離婚に関しても、自分を内省してから、新たな生活や人生へ目標が持て、納得できて次に行けると思えた状態での引っ越しがおすすめです。

新しい物件を内見する際にはぜひ次のことをチェックしましょう。そのときは必ず方位磁石、カメラ、レコーダーを持参します。スマートフォンの機能を利用してもＯＫです。

1 方位磁石の針が正しく北を指すか確認する。
方位磁石の針がクルクルと回るようなら霊的な影響も考えられますので要注意です。

2 原因のわからない音であるラップ音が起きていないか確認する。

3 部屋中の写真や映像に加え、音声もとる。
ラップ音や霊の姿は、そのときは気づかなくても、録音や映像に残っていることがあります。

また内見は日中と日没後の最低2回は行い、変化がないかも観察しましょう。

4 霊臭がないかチェックする。
原因はわからないけれど獣など何かがいるような臭いや、生臭さ、快くない臭いがするのが霊臭。もちろん原因があっての悪臭も部屋のメンテナンス上問題ありですからＮＧです。

5 カビやコケなどが生えていたり、湿気を感じるかを確認する。
風通しが良く、光が差し込む家は、良いエナジーが満ちるもの。湿気がある家は避けましょう。

もしも転勤などで、バイオリズムに関係なく引っ越さなければならない場合は、選んだ物件を仮の住まいと思って辛抱することです。

そうした場合も含め、新居に引っ越す際のポイントをお教えします。

特に大事なのは掃除。可能であれば入居前に、引っ越し先の部屋を掃除しましょう。前の住人の念を消し、自分たちのオーラマーキングをすることがお祓いになりますから、業者に頼むのではなく自ら行いましょう。オーラマーキングとは、自分のオーラをその場所に付着させたり、浸透させたりすること。それをすると、その場所での自分の存在感が高まります。特に、「家族を守ろう」という気持ちで、家のなかや周囲を丁寧に掃除すると、その気持ちが家中に行き渡ります。

ほかにもやっておくべきポイントを挙げておきます。

1 玄関の脇に盛り塩（海の天日塩）をする。
2 念が入りやすい人形や肖像画など、人をモチーフにした物は置かない。
3 玄関内に、外に向けるようにして鏡を置き、悪い念を撥ね除ける。
4 風通しをよくする。
5 太陽の光を取り入れる。
6 インストゥルメンタルなど心地よい音霊《おとたま》で部屋にいい気を流す。

5 部屋の厄

「引っ越しの厄」で述べたようなチェックポイントを参考に部屋を選べば、問題はないでしょう。きっと、心地良く住めているはずです。逆に言えば「なんという心地良いところだろう」という部屋以外は、選んではいけません。もしも住んでから心地良さが感じられないならば、おろそかなチェックで安易に決めて入居しなかったか、もう一度内省する必要があります。特に次のことがあれば要注意です。

1 眠れない。
2 部屋にいてもどこか落ち着かない。
3 部屋に帰りたくない。

以上のようなことがある場合は、厄が大きくなってしまう前に、次の引っ越し先を探したほうがいいでしょう。逃げるが勝ちです。次こそは徹底して研究し、下見もしっかりし、計画的に物件を探してください。あくまで理性的に、そして面倒くさがらずに探すことです。

6 家の厄

家を買う、建てる、あるいは建て替えるということが、人生に何度もある人は少ないでしょう。ということは、思い立ったように買ったり、建てたりしないものです。

しかし、バイオリズムが低いときは感情で動きがちなので、理性で考えたらしないようなことをしてしまうおそれがあります。

「デザイナーズ住宅で格好良かったから買ったけれど、欠陥住宅だった」「頭金もなかったのにローンで買えると言われて高額物件を買ったら、結局払えずに手放した」などは、よくある話です。このように、物質的価値観や見栄っ張りな部分、分不相応な物を選びがちという自分が、厄の鏡に映し出されてトラブルのように表れてしまうのです。

また物事がスムーズに進まないときは、「止まれ」のメッセージと受け止めましょう。マンションを買おうとしたとき、何かと不動産会社と揉めたり、周囲が反対したりして話が進まないなどはその典型例。どうしても欲しいと思う物件であっても、無理に進めると家族仲が悪くなるなど、あとで何か起こる場合も。

逆に言えば、そのようなときに我慢できる人は、バイオリズムが良いときなのです。「不動産会社はご縁談のような縁物。ケチがつくなら縁がないということだから今回は見送ろう」という決断ができる人は、その後にきっといい物件と出合えるはずです。

そういう意味では、厄年だから、バイオリズムが低いかもしれないからという理由で、慎重になるのは良いことでしょう。家について勉強する時間ができますし、建築業者、不動産会社や金融機関の言いなりにならず、安易な決断をしなくなるからです。

一方、欠陥住宅までいかなくても、生活を始めてみたら配管に不具合が見つかったなど、瑕疵《かし》が見つかる場合もあります。そんなときは理性で交渉できるよう、弁護士など専門的な知識を持った第三者を立てるのが得策です。なかには交渉や相談の費用をかけたくないからといった理由で、自分でなんとかしようとする人もいますが、それでは感情的になってさらに揉めるだけです。相手にのらりくらりとかわされ、呪いたくなるような気持ちになったら、悪い種を蒔くようなもの。それが大きな厄の元になってしまうかもしれません。あとから問題が出て「これは厄だな」と思ってしまうくらいなら、理性的に進めるために弁護士を入れるべきなのです。横着は不幸の始まりと心得ましょう。

また、火事や空き巣被害などが起こると、この家に厄があるのではないかと考える方がいるかもしれません。しかし、それは家ではなく、住んでいる人の問題です。

例えば、火という言葉から連想する「火の車」という言葉。家計が苦しいことを指す言葉ですが、お金にからんで家庭内が揉めると、それを発端にさまざまな問題が噴出し、家族仲が悪くなったりもします。日頃から些細なことで言い争うなど、家族間での摩擦が大きな念となり、火事に発展してしまうことがあるので注意をしなくてはなりません。

ほかの家からのもらい火で大きな被害を受けただけでなく、元の火事を出した家から離れていたにもかかわらず自宅に飛び火したという場合も、やはり自分の家に揉めごとの種がなかったか振り返ったほうがいいでしょう。小さな火種があって、その膿出しとして表れているのかもしれません。

また、空き巣被害に遭うと「どうして我が家が狙われたのか?」と思うでしょう。これもやはり隙があるという表れだと思います。戸締まりなど現実的なことはもちろんですが、日頃の言動にも隙がないか見直す必要があります。

スズメバチやツバメが家に巣を作ると、いかにも厄のような気がしますが、これは悪いことではありません。その家に良いエナジーがあるからこそ、生きものが「居心地が良い」と感じて巣を作るのです。とはいえ蜂の巣を駆除してはいけないというわけではありません。危険であれば、やはり現実的な対処は必要です。「迷惑なだけ」と思うのではなく、エナジーがあることを教えてくれたのだと心にとめ置きましょう。昔から「ツバメが巣を作る家は繁栄する」とも言われますが、迷信とは言い切れません。ただし繁栄するかどうかは、自分の努力次第です。

よくありがちなのは「厄年に家を建てたら夫が亡くなりました。これは厄でしょうか」「新しい家を建てるとお葬式も出るという迷信を聞きましたが、家を建てることが厄になっているのですか」という質問。詳しくは第3章で述べますが、寿命は宿命であり、死は厄ではありません。宿命である死の時期について、たましいは知っています。ですから、立つ鳥跡を濁さずのように、家を建ててから亡くなる場合があるのです。

現実的に、ローンを組んで家を購入した直後に夫が亡くなり、保証制度でローン返済がなくなったという話もあります。確かに夫が亡くなった寂しさや先々の生活への不安はあるでしょう。しかし、住む家があるのはありがたいこと。人の死は、厄ではなく宿命なのです。ですから、家を建ててくれた夫への感謝の念を忘れず、その後の人生も力強く生きていけばいいのです。

動物は出産が近づくと巣作りを始めると言います。人間も同様に、出産が近づくと急に家のなかを整理したりしたくなる。人間は動物であり、たましいの存在ですから、さまざまな節目に家を残したり、整理したりということを本能ですることがあるのです。

7 土地の厄

よっぽどいわくのある土地でない限りは、土地を購入して家を建てたからといって何かが起こることはありません。では、〝いわく〟というのはどういうことかと言うと、人の悲しみや怒りといった負の感情のオーラが付着していることです。事件や火災で亡くなった人が出た家の跡地や、病院の跡地、歴史的に処刑場だった土地などはその例として挙げられやすいですが、それらすべてをいわく付きの土地と決めつけるのは性急です。日本の歴史をたどれば、どこでも戦場だった時代があるわけですし、そう考えるとどこにも住めなくなってしまいます。家族が喧嘩ばかりしていれば、その怒りが負のオーラとなって付着するように、大事なのは土地ではなく人。私はいつも「お笑いがお祓いですよ」と申し上げていますが、それは負のオーラを正のオーラに変える術だからです。それを理解しつつ、土地選びの参考にしていただきたいと思います。もしも、いわく付きと言われるような土地を安いという理由だけで買い、その後、スムーズに進まないことが次々と起こっているのに強引に家を建てると、大きな歪みとなって何かが起こることがあるかもしれません。そのうえ、家を建てるときに地鎮祭もしないとなれば、自分勝手と言うほかありません。しかしこれも土地の厄というよりは、強引で聞く耳を持たない自分のせいではないでしょうか。

そもそも「安い」というだけで、そのような土地に惹《ひ》かれるのは、自分の波長が下がっている証し。周囲の大反対にあったり、ものごとがスムーズに進まなかったりというさまざまなサインを無視してしまうのも、バイオリズムが低いからこその行動と言えます。

地鎮祭を土地のお祓いだと思っている人もいるようですが、そうではありません。もちろん穢《けが》れは祓いますが、それが主な意味ではなく、あなたよりもずっと前からその土地にいる自然霊に共存共栄を願う意味のほうが重要です。

この世はすべて自然からの借り物。人間だけのものではありません。地鎮祭でお供えするお米やお酒は、ご近所に配るご挨拶品のようなもの。土地にまく際も、乱暴にまくのは失礼な振る舞いです。あなたは、引っ越ししてお隣へ挨拶に行くとき、品物を相手に投げつけたりしますか?「どうぞよろしくお願いいたします」という気持ちで丁寧に手渡すはずです。自然霊に対しても同じ気持ちで、お供え物は丁寧にそっとまきましょう。

8 嫉妬の厄

バイオリズムが低いときは感情的ですから、ふだんから嫉妬しやすい人は、いっそうその心が深くなりがちです。「どうせ自分なんて」と卑下し、人と比べては「なんで私はこんな状態なのにあの人はうまくいっているの?」と感情に振り回されてしまうのです。

よく「自分より先に友達が結婚して幸せそうにしている姿を見ると、素直に喜べません」と言う人がいます。でも、周囲に幸せな人がいるというのはとても良いことなのです。なぜなら類は友を呼ぶ「波長の法則」なのですから、自分にも幸せの波が近づいているというサイン。それを嫉妬して相手の不幸を願う気持ちを持てば、せっかくの幸せの波が遠ざかっていくかもしれません。

恋愛などでは、恋愛相手に嫉妬が高じると憑依を呼ぶこともあるので注意が必要です。憑依の相乗効果で、ストーカーに発展するなど嫉妬心が誤作動を起こしてしまうことも。そんなとき鏡を見て「自分がまるで般若のような顔をしていた」と気づき我に返れば、憑依霊は離れていきます。

恋愛に限らず、嫉妬心が膨らんできたときは、「どうしてこんな気持ちになるのか」「自分はどうなりたいのか」「そのためにはどうするべきなのか」と分析し、理性的になるよう努力してください。

そして次のステップで自分自身をお祓いしましょう。

1 不幸の数を数えるのはやめる。
2 どんな小さなことでもいいので幸せの数を数える。
3 幸せな人を祝福する素直な気持ちを持つ。

逆に、嫉妬されるという場合もあるかもしれません。何かに抜擢《ばってき》されて、仮にそれが自分の努力の結果だったとしても、「有頂天になって身の程知らず」などと言われるようなケースです。そんなときは、傲慢にならないようにというメッセージだと受け止め、謙虚になること。「本当ですね。私のようなものが」と、笑顔で返しましょう。

どんなときも自分を見つめ直せれば、厄を上手に利用できます。

ネガティブな思いを撥ね返す強さを持ちたい人は、ぜひ「卵オーラ法」を行いましょう。

卵オーラ法

1 両足を肩幅ぐらいに広げて立つか、椅子にゆったり座る。

2 鼻から大きく息を吸い、口から細く長く吐く。このとき自分のまわりに、卵の殻のようにオーラが張り巡らされるイメージを持つ。これを3回繰り返す。1回目は体の前後、2回目は左右、3回目は全体というようにくまなく覆うようなイメージで。

3 3回目が終わったら、ロックするようなイメージで、丹田《たんでん》（おへその下あたり）に両手を当てる。

毎日行いながら、丈夫で強い殻で自分を守るイメージを持つことが大切です。

9　怒りの厄

イライラしたまま車を運転したら事故を起こしたというように、感情に呑まれると人は正常な判断ができなくなります。「短気は損気」と肝に銘じましょう。バイオリズムが低いときは、自分の怒りが出やすいですし、それが周囲に伝染してしまうことも。怒られて、イラッとしたり、つい余計なことを言ったり。相手の感情の地雷ポイントを踏み、火に油を注ぐことになりかねないのです。そんなときはとにかく冷静になるために頭を冷やすこと。我に返るために鏡を見たり、水を飲むなどのほか、冷却期間を置くことも大事です。同じ土俵に乗らず、売られた喧嘩は買わないこと。こうしたことは、突然できるようになるものではありません。感情的になったら鏡を見るなど、ふだんから訓練を。それができてくれば、相手が怒っていても自分はクールになれますし、ものごとを俯瞰して見られるはず。そんな人は達観した生き方ができ、厄も冷静に受け止められます。神経過敏だと感じるときはセルフお祓いを。背中の両肩甲骨の真ん中を結ぶ線の上下にあるツボ（上は神座《しんざ》、下は霊台《れいだい》）に温湿布するか、温かいタオルなどを当ててみましょう。

10 無気力の厄

感情にムラがあるときは、バイオリズムが低いサインでもあります。前述の怒りは外にベクトルが向いている状態ですが、内に向けば不安が募ります。表裏一体なのです。

では無気力はどういう状態かといえば、停止、あるいは、やる気の裏返しということもあります。「意欲はあるのにうまくいかない」のは、やる気がありすぎて空回りしている状態。いずれにしても大切なのは、「朝」が来るのを待つこと。バイオリズムが低いときは「夜」なのですから、活動しないことです。明るくなったときにしっかり動けるよう準備をしておきましょう。

特に無気力なときは、いろいろな本を読むのがおすすめです。意欲を上手に行動に移すための準備です。そして、規則正しい生活を心がけてください。乱れた感情のリズムが整い、理性で考えられるようになれば、だんだんすべきことが見えてくるはずです。

次に紹介する鎮魂法は気力を高め、たましいを整えるメディテーション（瞑想）法の一つですから、行ってみるといいでしょう。

鎮魂法

1 両足の裏を合わせて座り、両手はおへその前で、バレーボールのレシーブのような形で組む。背筋は伸ばす。

2 鼻から大きく息を吸い込む。口から吐きながら、組んだ両手を右回りにぐるっと10回、体の前に大きな円を水平に描くようなイメージで回す。1回回すごとに、手を組んだままおへそに触れる。10回数えるときは、「ひ、ふ、み、よ、い、む、な、や、こ、と」と声に出しながら数える。10回を一息で行う。

3 再び、鼻から大きく息を吸う。口から吐きながら、組んだ両手を前へ伸ばし、伸ばしきったら、元の位置に引き寄せて、おへそに触れる。これも一息の間に10回行い、2と同様に声に出しながら数える。

4 再び、鼻から大きく息を吸う。口から吐きながら、組んだ両手を上げて額に触れる。手を組んだまま下げ、おへそに触れる。一息の間に10回行い、2と同様に声に出しながら数える。

5 2～4を1セットとして、3セット繰り返す。

11 孤独の厄

自分が孤独なのは、厄のせいでしょうか?

もし、そう尋ねられたら私はこう答えるでしょう。「それは自分で自分を孤独にしているだけです」と。つまり厄のせいではありません。

「孤独だ」と言う人の生活ぶりを聞いてみると、ラクなことや便利であることを優先しているように感じます。どういうことかというと、手が届いて「ラク」だからと、部屋では物を出しっ放しにしていたり、自分の都合で連絡できて「便利」だからと、コミュニケーションのほとんどをメールやSNSで済ませているのです。ごちゃごちゃで整理されていなければ、家に人を呼ぶこともできないでしょうし、メールばかりでやり取りしていれば、直接対話するような人間関係も避けるようになるでしょう。人を遠ざけているのは自分です。

何事も自分から歩み寄る姿勢がなければ、孤独を招きます。

そんな生活ぶりと、孤独がなぜ関係するのかと疑問に思うかもしれませんが、人は習慣を変えければ考え方も変わります。思い癖というように、日常的に行っていないことは、急にはできないのです。

また、「自分は友達もいなくて孤独だ」と思うときは、こんな視点を持ってみてください。あなたは友達の定義を持っていますか？　もし「いざというとき助けてくれるのが友達」だと思うのなら、それはただの依存です。だから「友達だと思っていたのに裏切られた。やっぱり私には友達はいない」と思ってしまうのです。でも、あなたはその友達と「絶対に裏切りません」というような公正証書でも取り交わしたのでしょうか？　つまり、たとえ友達だとしても、裏切らないというのは思い込みに過ぎないのです。

人は人でしか磨かれません。自分を助けるために出会いがあるのではなく、自分自身の真の姿を見るために人と出会い、関わり、たましいを成長させていくのです。だから私はいつもこう申し上げています。

1 人と出会ったときは加算法。
2 人と付き合うときは腹六分。

人はなぜか初対面なのに、「すごく良い人なの」とフィーリングで判断しがちです。その人の生き様など知らないはずなのに、いきなりの100点満点。そして会うたびに「あの人って、実はこういう嫌な面があるのよね」「良い人に思えたけれど、ダメなところが見えちゃうと……」などと、減点していくのです。まるで審査員であるかのように上から目線の減点ぶり。

それよりも最初から0点だと思えば、飴をくれただけで急に「なんて良い人」と加算されます。「人は誰でも自分優先」と思っていたところに、「飴をくれた」「席を譲ってくれた」「私のことをかばってくれた」となれば、どんどん点数がアップしていくでしょう。

人との関係は依存心をあぶり出すモノサシのようなものです。人間関係を通して、「自分なんて」という自己憐憫も一緒にあぶり出されます。「私のことをわかって」とばかりに、自分の気持ちや考え方をおしつけるのは依存です。だから「友達なのにわかってくれない」などと、自己憐憫に陥ってしまうのです。

多くの人の本音は、「自分のことは話したいけれど、相手のことは聞きたくない」ではありませんか？　その矛盾に気づかねばなりません。

女子会などで延々と会話が続いているようでいて、実はお互いが好き勝手に自分のことを話しているだけで相手のことは聞いてない、というのはありがちな場面。それをわかっていて、ただ話したいだけかもしれませんが、それならそうと割り切って楽しめばいいのです。

孤高で生きるというのは、孤独とは違います。人に依存せず、しかし一緒に楽しむときは楽しむ。それが腹六分の付き合い。加算法だからこそ冷静に相手を見られますし、楽しく付き合うこともできるのです。

「今日も誰とも話をしなかった。寂しい」と思うなら、お店に行って、店員さんと話してみてください。関西の人たちを見習って、スーパーで見知らぬ人に挨拶して、ちょっとした会話を楽しんでもいいでしょう。

「話しかけてくれない」ではなく、自分で話しかけるのです。

怠惰な土地に花は咲きません。ラクなことや便利であることを考えず、怠惰に身をまかせず、自分で歩み寄る努力をすることが、あなたに必要なお祓いです。

12 逃避の厄

まず、逃避と退却は違います。退却は、将来を見据え計画に基づいて退くという理性的な行動です。しかし逃避は、「逃げたい」という感情が優先されたもの。

私はよく、逃げの転職や、逃げの引っ越しでは幸せになれませんとお話ししています。バイオリズムが低いときは、よくこうした逃げの行動をしがち。奥深く立体的に見られないから、感情優先で行動してしまうのです。それによって自分のマイナス面が露になってしまいますし、最終的には必ず自分で落とし前をつけることになるのですから、自分の本当の姿を見せられた厄と言ってもいいでしょう。

例えば、さまざまな事情から夜逃げをしてしまう人もいます。でもほとんどは見つかってしまい責任を果たすことになる。それは悪いことでしょうか？　自分で自分のしたことに責任を取るのですから、私は大切なことだと思うのです。では、万一逃げ切れたなら幸せでしょうか？　無責任なことをしたという負い目は一生、自分につきまといます。隠れて生きねばならず、幸せとは言えないのではないでしょうか。

また、結婚でも「会社が嫌だし、先々不安だから、結婚しちゃおうかな」という逃げの結婚もあるでしょう。それでは、その場しのぎとしか言いようがありません。そんな結婚は、「波長の法則」で考えれば相手もその場しのぎ。お互いが自己中心的な小我と打算で引かれ合った結婚ですから、長続きするわけがありません。しばらくするとブームが去ったかのように気持ちが冷め、「こんなはずじゃなかった」「家庭がつまらない」と不満が出るのです。

人生にはクリアしなければならない課題があります。会社の人間関係に苦しんだとしても、それが自分にとっての課題ならば、場所を変えても同じ課題がまた出されます。会社から逃げて結婚しても、今度は家庭で家族やご近所との人間関係に苦しむかもしれません。逃避は、宿題を先送りにしているだけなのです。「大変だ」「面倒だ」と思うことほど、積極的に乗り越えようとする人は、厄にも振り回されない人でしょう。

ただし、ひどいいじめを受けているなどなら、転校や引っ越しを選択するほうが得策なことも。一筋縄ではいかない今の世の中において、「逃げるが勝ち」ということもあるのです。それは前述したような理性の退却。「逃げ」ではありませんので、間違えないようにしましょう。

13 執着の厄

執着こそが厄と言っても過言ではないかもしれません。なぜなら執着という感情は、さまざまなトラブルを生むからです。人、お金、仕事、物……、あらゆるものに執着は表れます。バイオリズムが低いときほど、自分を律しなければなりません。

ではどうすればよいかと言うと、日頃から手放す訓練をしておくことです。自分はもちろん、お子さんがいらっしゃる方は、幼い頃から我慢という習慣を身につけさせるようにしましょう。日本で暮らしていると、電車は時間通りにやってくるし、宅配便も速く届き、あらゆるサービスが行き届いています。けれど、それが当たり前と思ったら大間違いです。海外に行けば、列車の時刻表などあってないようなもの。水漏れの修理を業者に頼んでも、「1週間後にいけるかどうか」などと言われてしまいます。過剰とも言える日本の便利な暮らしに慣れてしまうと、我慢を忘れて、どんどんわがままになるのです。

そうすると欲しい物をすぐに手に入れたくなり、手放せなくなります。罪悪感から物を手放せないというのなら、罪悪感があるからこそ、いたずらに物を買わないことです。本当に大事にできる物だけを厳選して買う訓練をしましょう。本当に必要な物かを理性で判断することも、執着に支配されない訓練です。

人に対して執着があるという場合、特に男女の関係においてはどうでしょうか。

例えば男性のほうの心が離れたのに、女性が男性にまだ執着があるという場合。周囲は「ほかに良い人がいるよ」と言いがちですが、本人はそうは思い切れないでしょう。それほどにその人のことが好きだというのなら、小我の愛を捨て、大我の愛を育む訓練だと思いましょう。

小我とは自分だけがかわいいという自己中心的な考え方のこと。大我とは相手を尊重する気持ちであり無償の愛です。つまり、「彼のことが好き。私をもう一度愛して」というのは小我の愛ですが、「彼が別れを望んでいるのなら、それを尊重し、彼の幸せを願って別れよう」と思うのが大我の愛。

小我を大我に変えていくのは、たましいの大きな学びです。そういう意味でも執着という厄によって自分を見つめ、乗り越えることは、たましいが成長する良きチャンスと言えるのではないでしょうか。

14 思考の厄

厄として表れるのは、元々自分にあるものだけです。思考というのはその人の考え方であり、さらに感情とも密接に関係していますから、厄として浮き出る場合は如実に表れるでしょう。

バイオリズムが低いときは、ふだんならやらない言動をしてしまうなどの誤作動が起きがちです。

例えば、会社で上司が不倫をしていることを知ってしまい、「私、不倫は許せない。黙って見ていられない」と、上司の奥さんにそのことを教えてしまうなどがそうでしょう。「不倫は悪い」という正義はあるかもしれませんが、所詮はよそ様の家庭の問題。他人が口を出す問題ではありません。たとえそれが自分の思う正義という思考であっても、誤作動となるとトラブルに発展してしまいます。

ではなぜ、こんな行動に出てしまうのか。自分のフィルターを通して、自己憐憫を増幅させて、自分が勝手に奥さんの憑依霊のようになっているからです。過去に自分が裏切られるなどの経験があり、許せない思いを引きずったままでいるのでしょう。だから「裏切られた人はかわいそう」「裏切っている人だけがいい思いをするのは許せない」という気持ちが自分のなかにあり、その自己憐憫を憑依によって増幅させているのです。

直接、奥さんのことを知らなくても「かわいそうに違いない」と決めつけてしまうのは、自分のフィルター。「許せない」気持ちは自己憐憫の表れ。それを浮き立たせている厄に気づきましょう。

それに気づけず、大きなトラブルに発展し、自分が逆に痛い思いをしたとしても、それは宝と思うべきです。なぜなら、痛い思いをするからこそ、身に染みて軌道修正ができるから。今後は「私が直接、何かをされたわけじゃない」「他人のことにとやかく口出ししない」と、理性で判断できるようになるはずです。

また、自分が見たり聞いたりしたことは、すべて自分にとって意味のあることです。でも、それを多面的に分析することが大切です。正義を振りかざして行動に出るのではなく、「人の振り見て我が振り直せ」と自分の学びととらえることもできるのではないでしょうか。

正義という思考を例にとりあげましたが、あなたにも自分のフィルターを通した思考によって、厄として浮き立たせていることはないでしょうか?

思考に気をつけることは、自分を律することにつながります。

ここで、マザー・テレサの大切な言葉をあなたに贈ります。この言葉を胸に刻みながら日々を過ごすことは、あなたの厄祓いに大きく役立つでしょう。


思考に気をつけなさい。それはいつか言葉になるから。

言葉に気をつけなさい。それはいつか行動になるから。

行動に気をつけなさい。それはいつか習慣になるから。

習慣に気をつけなさい。それはいつか性格になるから。

性格に気をつけなさい。それはいつか運命になるから。

マザー・テレサ

15 依存症の厄

何かにハマる依存は、前述の「執着」とも大きく関わりますが、厄そのものと言ってもいいでしょう。自分を浮き立たせるものだからです。そういう意味では憑依にも気をつけなければなりません。だとしても憑依のせいだけにするのも違います。自分にないものは出ませんし、憑依もありません。第1章で、お酒の依存、酒癖の悪さと憑依についてお話しした通りです。

改めて申し上げますが、厄は自分を浮き立たせ、気づかせ、軌道修正のチャンスとなるのですから、ありがたいものです。気づかないまま、負のスパイラルにハマり込んでしまうより、抜け出すチャンスがあるのですから。

依存症にはさまざまなケースがあるでしょう。お酒ももちろんですが、DV（ドメスティックバイオレンス）や買い物、ギャンブル、タバコ、恋愛やセックスということもあるかもしれません。

ときどき「セックスが好きでたまらない」という人がいますが、「性病に気をつけて、自己責任でしてください」というだけのこと。ただ、自分がなぜそうなったのかを分析することは大切です。私が個人カウンセリングをしていた頃にも、そのような相談を受けたことがあります。多くの方の場合、幼児期にあまり愛情を受けて育っていないケースでした。つまり、人恋しくて、人と接するだけでは満足できず、セックスまでしないと愛情を受けている気がしないのです。

恋愛においては「彼女や妻のいる男性が好き。だからいつも不倫ばかりしている」という女性がいます。これも愛情を得た体験が少ないことが元となっています。普通に育てられていたようでも、実はきょうだいと比べられ、心の奥で自分は愛されていないと感じていたケースも。人の物を奪い取ってこそ、自分に愛が向いたと実感できるのです。この場合は奪い取ることが愛の確認なので、それを達成するとすぐに冷め、また新たな愛情を得ることへと気持ちが向いてしまうでしょう。

こうしたことを繰り返すうちに、厄と思えるような出来事も起こるかもしれません。セックス好きが高じて不倫に走り、相手の奥さんにバレたり、人の彼氏を奪い取ろうとしたけれど男性のほうがなびかず、ストーカーまがいのことをしてしまったり。痛い目に遭って、自分のしていることが本当の愛を得る行為ではないと気づければ、厄落としになります。

けれどもトラブルになる前になんとかしたければ、自ら断つこと、我慢することです。それはお酒、ＤＶ、買い物、ギャンブル、タバコなども含め、すべてに通じるお祓い。「家の厄」「執着の厄」でも述べましたが、我慢できるかどうかはバイオリズムの状態を知る一つの目安であり、我慢を習慣づけることが自律の第一歩。仮に憑依があったとしても、自律して断つことで、霊も離れていきます。

ＤＶならば相手とすぐに別れましょう。買い物依存ならば、クレジットカードを使えないようにするなど、すぐには買えない状態にすることです。物理的に距離を置き、断つことが重要ですから、ときには家族の協力も必要でしょう。

もちろん、医学的に診断を受けるなど治療が必要な場合もあります。肉体からのアプローチは大切ですから、必ず受けてください。そういう意味でも厄年は医学的診断を受けて、治療を始めるいいチャンスと言えるでしょう。

16 逆恨みの厄

厄年やバイオリズムが低いときに誰かに訴えられて、それが逆恨みだったというケースはあります。そのときにまずすべきなのは、自分の何に原因があるのかを理性で考えることです。自分の小我が引き寄せたものならば、内省し、あとは理性で対応するだけです。

しかし多くの逆恨みは、相手の妬みが原因でしょう。

例えば、昔の知り合いから、「あなたはずいぶん成功したよね。昔は自分があなたのことを世話してあげたのに」などというケース。お世話になったことへの感謝や御礼は十分していたとしても、まるで「あなただけ成功するなんて、足抜きは許さない」と言っているようなものです。その「昔」が、本当に何十年も昔の出来事だったりすると、「なんで今頃？　これって厄？」と思うかもしれません。

でも、それは足抜きの厄落とし、ステージが変わるための厄落としと思いましょう。

どういうことかというと、そんな過去の知り合いと無理して付き合うことはないという縁切りが、今、来たのです。対応の仕方はケースバイケースですが、基本はその人と距離を置くこと。冷静になり、理性で行動することが大事です。法的なことがからむならば、弁護士に相談するのもよいでしょう。

また、こちらが良かれと思ってしたことなのに、相手が「こんなことをされた」と受け止めて、逆恨みを受ける場合もあるでしょう。こういう場合も、「いや、自分が正しかった」と無理に主張しないこと。「そうでしたか？」と言いつつ、心持ちだけは凜としていましょう。

「逆恨みの厄」に対するお祓いキーワードは、「待てる勇気」です。

もしかしたら自分にも間違いがあるかもしれません。でも、バイオリズムが低く、感情的になっているときは理性で判断できず、間違いを認めたくない気持ちから余計なトラブルに発展する可能性が。そうならないよう待つのです。逆に相手の誤解であっても、時間が経つことによって相手がそれに気づくかもしれません。いつかお互いが雪解けのようになり、双方が「あのときはごめんなさい」と、関係を修復できるときが来るかもしれないのです。

「絶対的に自分が悪くない」と、思うときほど要注意。思い込みは感情です。そういったときは「負けるが勝ち」という言葉を思い出し、じっとしているのが得策と思いましょう。

17 惑いの厄

いわゆる厄年と言われる年齢をよく見てみると、惑いの年でもあると思いませんか？「転職したほうがいいだろうか」「この先出世できるだろうか。できそうもないなら独立したほうがいいのでは？」「結婚はどうする？　子どもは持つの？」「仕事と両立できるだろうか」など、仕事、転職、出世、仕事の独立、結婚、女性ならば妊娠にまつわる惑いもあります。健康はもちろんですが、高齢社会となった現代では介護についての惑いもあるでしょう。

惑いがあるときに乗り越えられる人は、人間力がある人です。それは日頃から自分を律し、俯瞰して柔軟な視点を持てる人、しがみつかない人と言えるかもしれません。

しかしながら人は未熟です。いつもすぐに自信のある決断ができるとは限りません。特にバイオリズムが低いときほど、「こんなに迷ってどうしよう。もう惑うことばかりだ」となりがちです。

そういうときは、動かないことが鉄則です。無理には決断しない。もし、どうしても決断を迫られているならば、大きなことは選択しないことです。

むしろ惑いのときを楽しむくらいの余裕を持ちましょう。人生にはインターバルがある。惑うときはあるんだと、俯瞰してみましょう。実のところ、惑ったり、悩んだりするのは自分の準備不足、想像力の欠如の表れでもあります。それが浮き出たときは、自分の不備を正すいい機会です。

自分が惑うと人にアドバイスを求めるなど頼りたくなりますが、依存心は良い結果を生みません。余計に惑いが膨らんだり、アドバイス通りにしなかったことで相手が逆ギレしたり、「ヘタに相談したら面倒くさいことになってしまった」ということにもなりかねない。厄という傷口をよけいにほじくって、大きくしてしまうパターンです。

理性があれば、答えは自分のなかにあるとわかるはず。でもそうできないのが、バイオリズムが低いときの惑いだと、自らに言い聞かせましょう。

もちろん困っているときに相談するなというのではありません。相談するのであれば、弁護士や役所の窓口など、実務的なことを冷静に相談できるところに行きましょう。理性で導き出されたアドバイスは、あなたにも理性を取り戻すきっかけを与えてくれます。

18 批判の厄

批判をするにしても、されるにしても、大事なのは自分が今、感情的なのか、理性的なのかです。感情的な人は感情で批判し、批判されることも感情で受け止めます。理性的な人は批判するときも理性的ですし、批判されても理性的に対応ができるのです。

バイオリズムが低ければどうなるかは、もうおわかりでしょう。多くの人が「今日は批判されちゃったよ、厄日だな」などと思うのは、感情的に受け止めているからです。

もし理性的ならば、相手の言うことを的確に分析し、「確かにおっしゃるとおりの部分もあります。けれどもこの部分に関しては、これこれの理由によって違うと私は思います」と、理路整然とした反論も可能です。

ですから、もし自分が感情的で、バイオリズムが低いと思うならば、批判したい、あるいは反論したいと思っても、すぐに口に出さないこと。突き放すような言い方になってしまうなどトラブルの元になりがちです。そんなときは、一旦フェイントをかけるように、別のことを考えましょう。そうすれば感情が落ち着いていき、言うべきかどうかも含め判断できるでしょう。

また、因縁果ということをもう一度思い出してみてください。例えば理不尽なことに対する批判など、正論が因であれば、必ず良い結果は出ます。もちろん自分にも腹くくりは必要です。自分が正論と思うことを言って、相手との関係が切れるのであれば、それは縁のない相手だと思うこと。何かを失うことがあっても、しがみつかない腹くくりがあるからこそ、孤高に生きられるのです。

ただし、たとえバイオリズムが良いとき、理性的なときの批判であっても、言い方は重要です。とにかく正論を言えば、相手を追い詰めてもいいというのではなく、相手に逃げ場を与えることも大事。逃げ道を残してあげるような言い方ができる人は、相手のためを思う大我の愛のある人です。

批判のすべてが悪いのではなく、感情を伴う批判には問題があり、理性的な批判においては分析と向上があると言えます。

批判することによる逆恨みが怖いと思う人もいるでしょう。そんなときは、「逆恨みの厄」も参考にしてみてください。

19 誤解の厄

誤解されやすい人の共通点は、大我が足りないことです。大我とは相手のためを思う気持ち。誤解されるということは、相手がわかりやすいように言葉を尽くしたり、相手の立場に立った行動をしたりというサービス精神に欠けているのです。

「そんなつもりじゃなかったのに相手が違う受け止め方をしてしまった」と思うなら、相手にそう思わせてしまった自分の何が足りなかったのかを考えましょう。それをせずして「わかってくれない相手が悪い」というのは、自己中心的な小我です。特にバイオリズムが低いときほど、いつも以上に言葉を補い、「やっているつもり」以上に丁寧な行動を心がけましょう。

なかには職場の人間関係において、自分のことを誤解した同僚がそれを吹聴してしまうということもあります。何がどうなってそういうことになったのかわからない、まるでミステリーのような噂を流されたという経験をした人もいるかもしれません。

内省してまったく思い当たらない、あるいは自分が改めるべきでないと判断したら、自分を貫くことです。誤解して吹聴した人は「ねじ曲げて受け取る、それまでの人」と思いましょう。あなたの人間性をきちんとわかっている人ならば、そういう噂があってもちゃんと付き合ってくれます。もしも、そんな噂が元で出世に影響するようなことがあれば、それはそれだけの会社ということ。いずれにしても、無理に誤解を解こうとせず放っておけばいいだけ。そんなものを気にして、あなたの大切な人生の時間を無駄にしないことです。

行動を起こすとすれば、公明正大にすることがポイントです。例えば、宴会などがあって職場の人が集まったときに、「私はこういうふうに言われているらしいですが、全然、心当たりがないんですよね。一応、言っておきます!」と明るく宣言しましょう。ここで重要なのはあくまで宴会の雰囲気を利用して明るく言うこと。「なんでこんなことを言われるのだろう」などと暗くいうとグチに聞こえるのでNG。宴会などの機会がなければ、上司に何か報告するついでてもいいですから、周囲にも聞こえるような大きな声で「ところでこんなことを言われているようですが、まったく身に覚えがないのです。とりあえず報告いたします!」と、やはり明るく言いましょう。公にできないことに真実なし。だから相手は陰でこそこそと噂するのです。大きい声で笑い飛ばすのがお祓い。自分で誤解の厄を吹き飛ばしましょう。

20 事故の厄

あなたの思考は、あなたの運命を作ります。それは自らの蒔いた種は自らが刈り取る「因果の法則」。この法則を聞くと、同じことをしたら同じことが返ってくると思いがちですが、そうとは限りません。人に対してとげとげしい態度や心を痛めつけるような言葉をぶつける人が、事故に遭って痛みを知るというケースもあり得るのです。

ですからすべてではありませんが、「事故の厄」は、自分の考え方や言動を改めることで防げたり、遭ったとしても「不幸中の幸い」という程度で済んだりする可能性があります。自分の思い癖が集積して、事故という形で返ってこないよう、常に自分を振り返り、改めることが大切です。

もちろん事故というのはそれだけではありません。パワーバランスも関係していることがあるのです。

例えばこんな事例。下り坂の突き当たりにあるお店に、車が突っ込んだという事故がありました。幸い運転手の損害もさほどではなく、店員にもケガはなかったうえ、お客さんもいなかったのでお店の被害は破損だけ。その後、お店は保険で修理され、前よりも立派でキレイな店舗になって営業を再開しました。

なんらかの因縁果はあったでしょうが、パワーバランスもあったのです。お店にしてみれば突然の事故で動転したでしょうし、修理のために休業も余儀なくされたのですから、負を受けたことになります。そして、キレイな店舗で再開できたことは正でしょう。事故を厄というなら、厄落としではないでしょうか。

日本には「禍を転じて福となす」という諺がありますが、パワーバランスそのものだと思います。逆に言えば、良いことが立て続けにあるようなときは、気を引き締めながら、何かあっても「厄落としだな」と、思いましょう。

だからといって「いつ事故に遭うのだろう」とビクビクする必要はありません。自分にとって、必要以上に良いことも、必要以上に悪いことも、人生には起きないからです。

残念なことですが、事故で命を落とす人もいます。厳しい言い方に聞こえるかもしれませんが、それは宿命の寿命なのです。また、事故によるケガで人生が大きく変わる人もいるでしょう。詳しくは第3章に譲りますが、いずれも受け入れなければなりません。

また自分が事故に遭うのではなく、事故を目撃する立場になったという場合についても、お話ししておきます。これは自分自身を知るためだとしても、とても辛い厄と言えるでしょう。

私はいつも、何事も偶然はなく必然と申し上げています。事故を目撃するというのも、学びとして意味があるのです。それは命や生きるということと、向き合う学びです。

駅のホームで飛び込み自殺の場面を見てしまった。交通事故の現場に居合わせて、事故に遭った人の手当てを手伝ったけれど、自分が看取ることになってしまった。このような人から「なぜ私の目の前で起こったのでしょうか」と、尋ねられることがあります。

実はそのような人の多くは、自分もふだんから「もう死んでしまいたい」などと言っており、口癖のようになっていたりします。だから、生きることの大切さを目の当たりにし、死んだらどれだけの人に迷惑をかけるか、家族がどれほど悲しむかということを実感するのです。

最初は小さな不平不満から始まったのかもしれません。それが安易に「死にたい」という言葉に変わる。しかし言霊にはエナジーがあります。「思考の厄」でご紹介した、マザー・テレサの言葉を思い出してください。

もしお子さんがいらっしゃる方なら、小さいときから子どもにもそれを教えましょう。子どもはときどき「死んじゃえ！」などと言ったりします。子どもの言葉だ、冗談だと安易に聞き流さないでください。

我が子が小さいとき、親子喧嘩の末に「お母さんなんて死んじゃえ」と言ったとき、私はこう言いました。「本当にお母さんが死んでもいいんだな？　そんなことを言ったら、本当にそうなるぞ。いいんだな」と。静かに、しかし真剣に何度も言いました。すると子どもは泣いて謝り、その後は「死んじゃえ」などと言わなくなりました。

命の大切さや言葉の重みを、もっと真剣に受け止めてください。

事故を目の当たりにした人だけでなく、ニュースで見聞きした人、すべてに学びがあります。今、この本を読んでいるあなたも、偶然ではなく必然です。厄年という節目も含め、そのときどきでハッと気づき、反省することが大切です。何事も流してしまわず、どんな学びがあるだろう、自分は何を学べるだろうと、積極的に向き合っていただきたいと思います。

21 過失の厄

事故を別の側面で見たとき、加害者という存在があります。それが過失であっても、加害者と被害者がいるのは、やはり学びがあるからです。

これはたましいの視点がなければ、理解できないかもしれません。

霊界はスーパーコンピューターのように瞬時の判断で、パズルのピースを組み合わせるように、お互いの学びを引き合わせます。ある人に過失による学びがあり、ある人に宿命としてケガを背負うという学びがあれば、凸と凹が合わさるように出来事が起きるのです。

スピリチュアルな視点があると、いたずらに「加害者が許せない」という思いに固執することはなくなるのではないでしょうか。その人が故意でやったのでなければ、過失としての加害者の学びはやはり辛いものだろうなと、想像できるからです。

また、過失には想像力の欠如に気づかされたり、感情をコントロールするという学びもあります。事故を起こす人には、「自分は起こさないだろう」という過信、それ以上に傲慢さがどこかにあるのではないでしょうか。

そうでなければ、なぜいまだにお酒を飲んで車を運転する人が絶えないのでしょうか？「お酒が判断能力を衰えさせる。事故を起こすかもしれない」という想像力の欠如。「自分だけは大丈夫」という根拠なき傲慢さです。

例えば、飲み会などで、些細なことが原因で言い合いになり、収拾がつかなくなったところで相手を殴ってしまい、たまたま打ちどころが悪くて相手が亡くなってしまうなどの事例もあります。感情をコントロールできず、「手を出したら相手にケガをさせるかもしれない。もしかしたら死なせるかも」という想像力がありません。お酒が入るとコントロールできないというなら、お酒を断つべきなのです。

そうなる前に、過信や傲慢を謙虚という態度に変え、自制することです。それは、すぐにできることではありません。何かにつけて謙虚な自分でいる訓練が必要です。

だからこそ「備えよ、常に」です。厄年やバイオリズムに関係なく、いえ、いつも厄年のような気持ちで、謙虚な自分であるようにしましょう。

22　盗難の厄

盗ったら、盗られる。こんな当たり前のことを、なぜ人は忘れてしまうのでしょう。それは点と点を線で結べないからではないでしょうか。「盗難の厄」というのは、必ずしも泥棒に遭うだけとは限りません。出すべきものを出さなければ、盗られるように失うのです。

例えば物を買うとき、なんでも値切る人がいます。「もっと安くして」「これもサービスでつけてよ。おまけして」と。しかし、必要以上に値切って手に入れることは、相手が正当に稼ぐべきお金を盗っているとは考えられませんか？　だから「安く手に入れられてラッキー！」と思っていたら、スリに遭ってしまったなどということも、起こり得ます。これはケチケチしている自分を見せられた厄です。

ほかにも、冠婚葬祭や助け合いなどで、出すべきお金を出さない。あるいは出すには出すけれど、グチグチ言いながら出すのも、同じことです。

職場で「みんなで募金に協力しましょう」などと案内が来て、「ほかの人が出しているなら自分一人ぐらい出さなくてもいいのでは？」と出さなかったら、家族が急に入院することになりお金が出ていくことになった、という人も。

もちろんできる範囲でいいのです。出すべきお金は気持ちよく出す。それが厄を祓うための心構えであり、良き種蒔きにもなります。

もちろん生活が苦しいために、現実的に出せないことはあるでしょう。

例えば、地方から都会に出てきて一人暮らしをしているＯＬさんが、お給料をやりくりして生活している場合。友達の結婚式が重なったりすれば、「お祝いしてあげたいけれど、これぐらいしか出せない」あるいは「出席できない」という場合もあるのではないでしょうか。

そんなときは、ぜひ自筆で手紙を書きましょう。「本当はもっとお祝いを出したいのですが、今の自分はこれが精一杯なのです。ごめんなさい」「お金が大変で出席できないけれど、心から祝福しています」と。心を込めて手書きすることで相手に思いが伝わります。きちんと言葉を添えて、心を伝えることを怠ってはいけません。相手が「困ったときはお互い様だから、祝い金など気にしないで出席して」と言ってくれるのであれば、ありがたく受けましょう。金額では表せない心からの祝福と感謝を相手に贈ることもできるはずです。

23　紛失の厄

紛失も前述の「盗難の厄」と考え方は同じです。

ただし、こちらはパワーバランスの場合もあります。失うという負を課して、厄を落とすという正を得るような意味合いです。

よく「お財布を落としてしまったけれど、厄落としだと思おう」などと言いませんか？　財布を落とすというのは負ですが、いつまでも落ち込んでいたら、厄という傷口をほじくり、バイオリズムもどんどん下がる一方です。それよりも「これぐらいで済んでよかった」と視点を変え、「損して得取れ」とポジティブになれば正を呼び込むのです。

もちろん財布を落とすには、不注意さがあるからですし、その点は見直すべきでしょう。反省を生かし注意深くなれば、本当に厄落としできたということではないでしょうか。

ときどき家のなかで探し物をしていて、いくら探しても見つからないときがありませんか？　と思ったら、自分がまったく予期しないところから出てきたり、あるいは何度も探したはずの場所から、あるとき出てきたり。

フィジカルな面から言えば、置いたことをすっかり忘れていた物忘れの可能性大。あるいは、ふだんから心ここにあらずで行動しているケース。無意識で行っているので置き場所がわからないのです。いずれも自分の行動を見直したり、必要ならば物忘れ外来などの病院へ行きましょう。

霊的なことで言えば、実は低級な自然霊や動物霊のいたずらということもあります。これは自分に隙があり、そのような低級な霊を引き寄せてしまうのが原因。いたずらをする霊が悪いのではなく、引き寄せている自分が悪いのです。物を隠されて、遊ばれるということは、「隙を改めなさい」というメッセージです。

最近はスマートフォンを置き忘れる人も多いでしょう。用心のためには肌身離さぬよう、首からさげるぐらいの対策は必要です。かなりの個人情報が詰まっている物を紛失するかもしれないという想像すらできない人には、厄という警告があるかもしれません。自然霊が関わったとしても、それはあなたに必要な警告だと真剣に受け止めたほうがいいでしょう。

24 破損の厄

買ったばかりの電化製品が突然、壊れたら、あなたはどう思いますか？　もちろん初期不良といった物理的な故障を真っ先に考えるでしょうが、霊的なことも考えるのではないでしょうか。「良くないことが起こる前触れでは？　不吉だな」と。

そんなときに振り返るべきは家族間に揉めごとがないか。自分や家族にストレスがたまっていないかということです。実は人の念と電気はとても影響しやすいもの。ですから、激しい怒りによって電化製品が突然、壊れることはあり得ます。

「パワーストーンのブレスレットが突然、切れてしまいましたが、何かの警告でしょうか」といった質問もよく受けます。多くは劣化です。その場合でも、なぜそのときに壊れたのかを分析してみましょう。「あなたは今、心や生活が荒れていませんか？　もっとゆったりと落ち着いた生活をしましょう」というメッセージかもしれません。ビクビクするのではなく、振り返るきっかけにすれば、壊れたことにも感謝できるでしょう。

もし、とても大切にしていた物が壊れたときは、パワーバランスの負という場合もあります。あるいは、人にどんな接し方をしているかを振り返るときかもしれません。次のようなことをチェックしてみましょう。

1 人に対して誠意を尽くしているか。

2 「ありがとう」「ごめんなさい」をちゃんと伝えているか。

3 相手の言うことを軽んじたり、むげにしたりしていないか。

また、宝物とまでは言えなくても身近なものが壊れたときは、次のような「今、やるべきこと」を警告されている場合が多いようです。

1 忘れ物はないか。

2 今日の約束をちゃんと覚えているか。

3 約束の時間を勘違いしていないか。

ほかにも「健康や体力を過信していないか」「交通ルールを無視するなど横着なことをしていないか」「やるべきことを先送りしていないか」などが、破損を通じて警告される場合も。厄を上手に生かし、気持ちを引き締めて過ごしましょう。

25　水害の厄

自然災害による水害で財産を失ったりすると、「被害を受けた」と思いがちです。でも、もっと大きな視点に立てば、私たちは自然のなかで生かされていることを忘れてはならないと気づくはずです。古くからの地名には、滝や沢など水を表す地名もあります。昔、水害が起きたなど水と関わりが深い土地であることを教えてくれているのです。認可が下りた場所はどこでも宅地にしていいと思うのは、ちょっと違うのではないでしょうか。

また、水道管が破損したり、集合住宅で上の階が原因で自分の部屋にまで水が漏れる場合もあるでしょう。それもただ「迷惑だ」「被害だ」と受け身で考えないことです。厄というのは自分を映す鏡だと、何度も申し上げています。もしかしたらお金が「漏れる」ように出て行くなど、突然の出費がある警告かもしれませんし、「何かを根に持っていることはありませんか？　水に流すように許しましょう」「なんでも悪意にとってはいけませんよ」というメッセージかもしれません。あるいは自分が被害に遭うことで、「自分も同じように誰かに被害を与えていませんんか?」と問われている可能性も。それに気づかないことのお代を、今、払っているのかもしれません。今、自分に足りないことはなんだろうか。もしかして何か警告されているのではないだろうか。さまざまな角度から、まず自分で分析してみましょう。

26 風害の厄

風の噂、風当たりなど、風にまつわる言葉は、厄の意味を知るうえで手がかりとなります。風で屋根が飛んだり、窓が割れる、物が壊れるなどの被害があったときは次のことをチェックをしてみましょう。

1 人の悪口をこそこそと噂していないか。
2 人を差別するようなことを言っていないか。
3 人に対して接し方が強硬ではないか。

もちろん、これ以外にもさまざまなことが自分のなかの鏡に映し出されます。水害と同様に、風害も、厄の分析は人によってケースバイケースだからです。今、現在のことだけでなく、過去にそういうことをしていなかったか。因縁果の視点でも考えてみてください。

27 予期せぬ出費の厄

真夏にエアコンが急に動かない。そのうえ、冷蔵庫まで壊れてしまった。と思ったら、今度はお風呂の湯沸かし器が壊れてお湯が出ない。一つでもあれば予期せぬ出費ですし、複数ならばアレもコレも買わねばならず、修理代もとなれば、それこそ厄続きと思うでしょう。

けれど、そこでイラッとせずに「これはパワーバランスだ。負を作っているんだ」と思いましょう。落ち着いて「まぁいいじゃないか」ぐらいの余裕を持ち、淡々と対応することが大事です。それは感情的にならないためのポイント。バイオリズムを無駄に下げない術でもあります。

そして内省すべきは、「何もないことが人生ではなく、何かあるのが人生だ」ということを忘れていた自分です。つまり、突然の出費がないなど、どうして言えるのでしょう？　何かあるかもしれないと想像していれば、そのためのお金の準備も、日頃からしておくことができるはずです。

それはお金に限りません。例えば、犬を飼っている人ならば、どんなにおとなしくしつけられた犬でも、突然人に噛み付くかもしれないという想像をし、放し飼いにせず、必ずリードをつけることが大事でしょう。

予期していないことがどんな形で現れるのか、その厄を恐れるくらいならば、あらゆることを予期する訓練をしましょう。そして日頃から不注意な面はないかと、気をつけるべきなのです。

未熟とは何かと言えば、想像力のないことです。「さもありなん」と自然に何事も準備できる人が、熟した人なのです。

冠婚葬祭のお金を予期せぬ出費だと考えるのも準備が足りないでしょう。いくら準備していても無理なときの対処法は「盗難の厄」を再読してみてください。

また、結婚式のお祝いを出すには出すけれど、ぶつくさ言いながら出すのはマイナスのエナジーをため込むようなものです。「お祝い金は出すんだから、どう考えてもよいでしょ」というものではありません。「嫉妬の厄」も、ぜひ参考になさってみてください。

28 あぶく銭の厄

厄年は健康の総点検と申し上げましたが、生き方、考え方も総点検するときと言えるでしょう。それがお金に関する厄として現れる場合があります。

あぶく銭を望む理由、ポンと手に入ったときの対応。自分の考え方と行動が、厄としてすべてあぶり出されてしまうのです。

例えば、宝くじはわかりやすい例です。宝くじの高額当選者のほとんどは、その後の人生が幸せではないと聞きます。金遣いが荒くなって、あっという間に破産したり、お金にたかるように寄ってくる人たちに疑心暗鬼になり、誰も信用できなくなったり。あげくに家族仲まで悪くなって、一家が離散したりと枚挙にいとまがありません。なかには、当選金で暮らせるからと仕事を辞めてしまい、逆に生きる目的や意欲をなくしてしまったという人も。当たらなかったほうが幸せだったかもね、という人も実際に見てきました。

「どうせそんな高額は当たらない。せいぜい10万円くらい」と思っているかもしれませんが、それでは想像力不足。買う以上、万一当たったら、どうするのでしょうか？

　また、相続などであてにしていなかったお金が入ってくる場合もあります。遺産は所詮自分が稼いだお金ではありません。そのことを肝に銘じておかないと、「どうせもらえるなら」と、いわゆる骨肉の争いに発展することも。お金に執着する自分の姿があぶり出されることになります。

　いずれにせよ、あらゆる想像をしてみれば「あぶく銭など期待せず、自分で働いて稼ぐのが一番気持ちよく生きられる」「お金で買えない幸せが自分にはある」などといった結論に達するのではないでしょうか。

　人生には、自分を試される出来事が起きます。それを厄と呼ぶのか、運と呼ぶのかはわかりませんが、あぶく銭というのは、分不相応な幸運に舞い上がってしまう幼稚さをあぶり出す、幸運と見せかけた不運かもしれません。

　もしも突然、お金が舞い込んだら、手をつけないという選択肢もあります。これまでたびたび申し上げた「我慢」や「待てる勇気」と同じです。自分の悦楽のためには使わず、ないものと思う。それがお金に翻弄されない、溺れない術。「あぶく銭の厄」がもたらす軌道修正の方法かもしれません。さて、あなたにはそれができるでしょうか？

29 詐欺の厄

詐欺に遭った人は、ほとんどが被害者意識を持つでしょう。もちろん詐欺は、だましたほうが悪いのです。でもうまい話に乗ったのは自分だということも、自覚しなければならないでしょう。

特にバイオリズムが低いときは、ラクをして儲けたい、得たいという気持ち、誰かに頼りたい依存心など自分の弱点が露呈しやすいうえに、感情的に考えがちです。よくお年寄りが、健康食品などの詐欺に遭ったり、訪問販売で高額商品を買ったり、飛び込み営業のリフォーム業者にだまされてしまうのは、寂しさが根底にある場合が少なくありません。「話を聞いてくれた」「やさしくしてくれた」という感情で相手を信用し、断れなくなるパターンです。相手が誰でも、どんなにやさしくしてもらっても、腹六分の付き合いが肝心です。

結婚詐欺でお金を渡してしまうケースがありますが、これも感情です。「この金額のお金を用意しないと。困っていてキミにしか頼めないんだ」などと言われて、「この人は私に嘘をつかない」とお金を出してしまう。一体何を根拠に「嘘をつかない」などと言えるのでしょう? 結婚前に借金を申し込むなど、冷静に考えたらおかしな話。「借金は自分でなんとかして、身ぎれいになってから私の所に帰ってきて」と言うのが筋です。そこで相手の愛が本当かどうかもわかります。バイオリズムが低く、考え方が「夜」になっていると、「早く結婚したい」という焦りで行動に移しがち。自分に都合の良い部分しか見なくなります。それが「詐欺の厄」を呼び込むのです。もちろん金銭的な余裕があり、「自分の甲斐性で渡しています」と思うならば、責任主体で行えばよいこと。それくらい気持ちに余裕がある人は、被害者意識を持つこともないでしょう。

リフォーム詐欺は、家を建てる・買うにも共通しますが、素人が勉強もせず、思い立って契約するなど危険です。リフォームを考えているなら、前もって勉強をし、計画を立て、それに合わせた資金を貯めるという段取りを整えておかねばなりません。それが理性的な行動です。

飛び込み営業やダイレクトメールが悪いというのではありません。飛び込み営業の業者が来たら、まずは「お宅も考えるかもしれませんが、今は時期ではありません」などと言って、お引き取り願いましょう。自分がちゃんと勉強して準備していれば、そうした営業が来たときも、さまざまな業者の比較対象の一つとして見られるはず。そのうえで良いと思えば、話を進めればいいのですし、いらないものはいらないと断ることです。

30 事業の厄

こんな昔話があります。

「あるとき川に大水が来て、勇敢な青年と、臆病な青年が川岸に取り残されました。勇敢な青年は『向こう岸に泳ぐ』と言って、川に飛び込み泳ぎ始めましたが、流されて死んでしまいました。臆病な青年は、怖かったので木にしがみついて夜を明かしました。朝になると水は引き、木にしがみついていた臆病な青年は助かりました」

本当に勇気があったのはどちらの青年でしょうか？　一見すると、飛び込む青年のほうに勇気があるように思えますが、それは勇気ではなく、気が小さいことの表れです。その場にいるのが怖くて、耐えられずに飛び込んだのです。ですから、本当の勇気とは「怖い」という気持ちを認めながらも、辛抱できること、我慢できることなのです。

なぜ「事業の厄」でこのお話をしたかというと、新たに事業を始めて、失敗する元サラリーマンによく似ているからです。

事業に失敗する人に共通するのは、計画性がないこと。会社の人事に不満があり、「こんな人事に従うくらいなら独立する」「事業で成功して会社を見返してやる」という一時の感情が動機となった「逃げの独立」が、そもそも多いのです。それは勇敢なように見えて、耐えられずに動いてしまう青年と同じです。

独立を目指している人ならば、計画を立て準備に時間をかけます。必要なスキルを身につけ、そのための資金や人脈をコツコツと蓄え、狙うように独立するのです。決して何かの不都合をきっかけにしたり、自分のプライドのために事業を始めたりはしません。

そして独立開業が向いているかどうか、身の程を知ることも重要です。個人で事業を起こすのは、かなりのバイタリティが必要です。会社にいるときは、自分が所属する部署の仕事に専念していればよいでしょう。しかし自分の事業となれば、経理、営業、現場など、今までやったことのない分野もすべて自分でやらねばならないのはもちろん、責任を一人で背負うことになります。もし、それが向いていないという身の程を知っていれば、ずっとサラリーマンでいるというのも勇気ある選択と言えるのではないでしょうか。木にしがみついている青年と同じです。事業に失敗して厄だと思うならば、自分の身の程を知りなさいというサインでしょう。

31 相場の厄

株式相場の暴落などで、財産を失うというのは厄に思えるのかもしれません。しかしそもそも、株は企業支援の意味合いで行うものであり、株で儲けてやろう、株主優待を利用しようという動機で始めること自体が違うのではないでしょうか。そういう意味では、この厄は本来の意味をちゃんとわかっていますか、という問いかけでしょう。

私は、相場はギャンブルと同じだと思いますし、推奨しません。とはいえ、現代は相場を利用したデイトレーダーという生業があるほどです。世界情勢や市場を研究し努力もしているのでしょうから、悪いとも言い切れません。公営競馬もあるわけで、経済活動と考えたときのこの世の線引きは難しいものです。また子どもたちが「ゲームばかりしないで勉強しなさい」と叱られる一方で、プロ棋士の活躍は称えられるのはなぜか。歴史の長さの違いでしょうか？

相場に話を戻せば、現代の相場はギャンブル性があり、損をする可能性は高いという覚悟を持つこと。そしてラクをしてお金を得ようと思わないことが大切でしょう。

32 不合格・不採用の厄

受験で不合格になったことを例に考えてみましょう。もし第1志望の学校に不合格になったあなたが、それをバネに頑張り、その後、充実した人生を送ったとしたらどうでしょうか。不合格したからこそ、運命を切り拓いたとは言えませんか？　第1志望の学校に合格したとしても、そこで安心し、努力することをやめ、人生を無駄に過ごしてしまう人もいるのですし、その後の生き方で未来はいかようにも変わるのです。

つまり「厄年だから」「厄祓いしなかったから」は、ただの言い訳に過ぎません。

不合格も、不採用も、いわば自分自身に差し出された起爆剤のようなものでしょう。それをどうとらえるかで、人間力を試されます。その後の生き方に人間力が出ると言っても過言ではありません。ですから厄というよりも、厄にするかは自分次第。その後の人生も見なければわからないのです。押してもダメなら引いてみる。柔軟に生きられる人は人間力がある人。そんな人は、厄など恐れず何事も果敢にチャレンジできるはずです。

33 リストラの厄

すべての出来事は因縁果です。滑り台の最後の出口がリストラだとしたら、滑ったのはもっと前ということ。つまり厄年にリストラに遭ったとしても、それは厄年だからではなく、もっと前に原因があるのです。

因縁果とは、蒔いた種は自分で刈り取る「因果の法則」です。厳しいようですが、自分が良い種を蒔かなかったから、良い仕事をしてこなかったからこその結果なのではないでしょうか。それは想像力の欠如であり、人間力のなさでもあります。

そもそも「絶対にリストラされない」という保証は誰にもないのです。それが子どもの進学や家族の病気と重なるかもしれません。万一を考えて、学資保険に入っておく、貯蓄をしておくといった準備は、誰でも必要でしょう。逆に、リストラになる可能性も視野に入れ、ほかでも生きていけるようにスキルを身につけておこう、手に職をつけておこうと考えて努力している人は、職場にとっては必要な戦力のはず。

なかには大きな会社の工場に派遣社員として勤めていて、本社の方針転換などによる工場閉鎖でリストラを言い渡された人もいるかもしれません。「これは自分の能力に関係ないリストラでは？」と思うかもしれませんが、そのような職場で、派遣として働いている以上、リスクは予測して当然ではないでしょうか。

つまりリストラで泣く人は、なんの想像も、対策もしていないからこそリストラになったんだと言われても仕方がないのです。

リストラされても、食べていくためにはすぐに働かなくてはなりません。家族がいれば、養わなければなりませんし、じっくり選んでいるヒマはないでしょう。

バイオリズムが低く、自分の波長も低ければ、良い仕事も見つからないもの。それは「とりあえず」で引っ越しても良い物件に出合えないのと同じです。

ですから、もし仕事が見つかっても「もう一回くらい転職するかもしれない」と、腹をくりましょう。かといって腰掛けのつもりで働くのは逆効果です。そこで良き種蒔きをしなければ、次に大きくジャンプすることも、波長を高めることもできません。もし「長く勤められそうだ」と思える会社に就職できたら、それは幸いです。やはり、良き種蒔きをしていきましょう。

仕事における良い種まきのポイントは二つ。

●人とのコミュニケーションを大切にすること。

●会社にとって自分が役立てるよう仕事をすること。

コミュニケーションといっても、べたべたした関係になりなさいということではありません。腹六分の付き合いを心がけ、仕事が円滑に進むために必要なコミュニケーションはきちんととりましょうということ。仕事は自分の能力を提供して、対価としてのお給料をいただく。その基本を忘れず、ギブアンドテイクにふさわしい能力を磨きましょう。

リストラによって、自分に何が足りなかったかは、もうわかっているはずです。ということは、リストラは仕事やこれまでの生き方の清算。それは過去の自分のお祓いです。

「厄が落ちた」と思って、リストラした会社や人事の人を恨んだり、前の会社に未練を残したり、自暴自棄になって腐ったりしてはいけません。「辞めさせられた」と被害者意識でいれば、いつまでも自分の本当の姿に気づけず、厄も膨らんでしまいます。せっかく自らで清算というお祓いをしたのに、新たな悪い種を蒔くことになります。

「禍を転じて福となす」と、とらえましょう。

34 転職の厄

もしあなたが転職しようとしているならば、「逃げではないか」と自問してみましょう。

逃げの転職とは、己の器を見ずして、ただ今の状態から逃れたい、甘い水を飲みたいと考える転職のこと。計画的ではなく、思い立った、感情の転職です。第1章や、前述の「逃避の厄」も再読していただきたいと思います。

なかにはヘッドハンティングなど、人から紹介されて転職を考えることもあるでしょう。「管理職でお迎えします」などと言われて、「良い条件だ」と安易に乗ってしまうのはいかがなものでしょうか。

「己の器を見ずして」と述べたように、転職先の仕事が自分の器に合っているかを見極めなければなりません。それも人間力。つまり人間力が自分にあるのかを、あなたは厄という鏡で見せられているのです。

先頭を歩く人だけが立派なのではありません。縁の下の力持ちがいてこそ、会社全体がうまく回ります。ですから、先頭で歩く人を補佐する役が合っている人もいて、それぞれが力を発揮することが大切でしょう。

旅館の女将タイプの人もいれば、秘書タイプの人もいる。自分がどのタイプかを知っていれば、人からの誘いにも安易には乗らないはずです。

「自分はその器ではない」と判断するのは、恥ではありません。

また、女性の場合、夫の転勤に伴って、転職を決めることもあるでしょう。でも自分で決めたのであれば、腹をくくること。転職せずに今の仕事を続けたければ別居婚という選択もあり、夫婦でよく話し合うべきです。そこで何か問題が起きたとしても、それはあなたに必要な、向き合うべき課題です。

パワーバランスから考えれば、何かを得るには何かを失うのです。もし、両方欲しければ、倍の努力という負を自分に課さねばなりません。では、それができる器が自分にあるのか。そこも見極めなければならないでしょう。

35 転勤の厄

転勤したら、転勤先で家族が体調を崩したり、地域になじめなかったりということがあるかもしれません。それを転勤で厄を背負ったなどと考えるのは安易で、近視眼的です。

結論から申し上げれば、転勤は厄ではなく、どこでも順応できる訓練というチャンスです。このグローバルな時代に、自分や家族が、どこの地域に行っても生きていける人間力を身につける機会をもらったと思えば、転勤はありがたいことではないでしょうか。

環境が変わって体調を崩すことはあります。最初は地域になじめないこともあるでしょう。でも、だんだんと慣らしていく努力をすることが大切です。

会社勤めであれば、異動や転勤は当然のごとくあるもの。それもいつあるかわかりません。ということは、常に心構えと準備をしておくことが大切です。

何度も申し上げていますが、想像力のない人は幸せになれません。ですから「人生にはこういう可能性もありますよ」と教えてくれたのだと思えば、突然の転勤にも感謝しかないでしょう。

なかにはどうしても転勤先が合わないという人もいるかもしれません。海外赴任をしたけれど、現地の社交的な文化になじめず帰国したというのはよくある話です。自分の器以上、力量以上のことはやはりできないもの。でもそれも「できることはできる。できないものはできない」と、自分を知る学びになったのでは?

人生においてままならないことはたくさんあります。仕事もその一つです。だからこそ学びが多いと言えるのです。

36 SNSの厄

「SNS（ソーシャル・ネットワーキング・サービス）の厄」を祓うための方法は一つしかありません。SNSをすぐにやめること、断つことです。

仕事で使っている人もいるかもしれませんが、それは仕事と割り切り、プライベートとは完全に切り離しましょう。

私も自身のサイトでブログのようなものをアップしていますが、プライベートを明かすものでもなければ、思うまま自由になんでも書いているわけでもありません。読む人の学びになるようなことだけを書いています。

芸能人が書き込むSNSは宣伝の一環ですし、仕事のうちです。プライベートと仕事の間に一線があることを、理解しなければならないでしょう。

さて、SNSを厄と感じるときというのは、自分の情報を真偽構わず勝手に拡散されたり、自分の写真を許可なく使われたりなどが多いでしょう。最近はSNSが元で、未成年が性犯罪に巻き込まれるケースも増えているようです。相手に言われるままに撮った裸の写真や、それに近い写真を送ってしまい、バラすと脅され、さらに要求がエスカレートするというものです。そのような場合は、必ず親に相談し、警察にも行きましょう。誰にも相談できずにいるうちに、問題が大きくなってしまいますから、自分でなんとかしようと思わないことです。未成年に限らず、付き合っている彼から、そういった写真を送って欲しいと言われてもきっぱり断りましょう。もしそれで別れることになるなら、それまでの縁です。何よりも、本当に相手を大切に思う男性なら、そんな要求は決してしてしません。

親は子どもに、そのリスクを教えることが大事で、一緒になってSNSをやっている場合ではないのです。その油断が、子どもを危険にさらすことになります。最近は友達のような親子関係が良しとされているようですが、とんでもないことです。親は親として子どもとコミュニケーションを取り、人生の先輩として伝えるべき社会のルールを、しっかりと教えなければなりません。

どんなに用心してもSNSから個人情報は漏れるもの。そして広がるものだと、厳しいくらいに認識していたほうがいいでしょう。世界中に自分をさらすリスクを想像せずにSNSをやっていれば、それは厄という形で見せられることになるのです。

私は知識と教養は違うと、いつも申し上げています。現代は、知識の量だけで学力をはかろうとします。けれど教養がなければ、想像力も持てません。

リスクを想像しない甘さ、油断と隙のある行動、それが因縁果となって返ってくる。厄は自分の身の程を知る学びです。ときにそれが自分にとって、命にも関わるキツい学びになることもあります。SNSがきっかけでストーカー殺人に発展したニュースなどを見れば、よくわかるのではないでしょうか。取り返しのつかない結果になることもあるのです。

また、寝る間も惜しんでSNSに向かっている人がいますが、それでは自分と向き合う内観などできません。自分のバイオリズムの変化にも気づけないでしょう。

37 セクハラ・パワハラ・モラハラの厄

まずセクハラ（セクシャル・ハラスメント）は、パワハラ（パワー・ハラスメント）やモラハラ（モラル・ハラスメント）とは、対応が違うことを申し上げておきます。

性的な嫌がらせであるセクハラに対しては、毅然と対応しましょう。もしセクハラを受けたと感じたら、世の中を変える役割が自分にあると自覚し、人権を主張する学びととらえてください。そのうえで訴えるべきことはしっかりと訴えましょう。

地位や権威を利用した嫌がらせのパワハラや、立場に関わらない精神的嫌がらせのモラハラは、筋道や道理が通っているかを見極めなければなりません。もし、理不尽で感情的な言動をしているのであれば、ハラスメントと言えます。例えば、飲めないお酒を強要する上司や、「俺がカラオケを歌えと言ったら歌え」などと言うのは理不尽でしょう。しかし仕事上の指摘など、筋道の通った正論であればハラスメントとは言えません。もちろん言う側も感情を入れず冷静に言うのがポイントで、反論を聞く耳を持つことも大切です。

私は議論することは大事だと思います。議論のなかで自分が理路整然と、相手の間違いを指摘できるならば、しっかり主張すべきでしょう。相手が目上の人であってもです。私も、年齢がかなり上の方に対して、「安楽死と尊厳死は違います。安楽死したいなどと言ってはいけません」と、指摘したことがあります。

セクハラに比べ、パワハラやモラハラは線引きが難しいのは確かです。正論を述べても「その言い方はないんじゃないですか?」と逆ギレされるケースもあり、筋道論さえ成り立たなくなっています。自分に都合のいい受け止め方で、仕事上の必要な指摘までパワハラと訴える人がいるのも事実。厳しさのなかに自分の成長を願ってくれている、つまり愛があるかどうかを見極められないのです。これは、もはやこの国が作り上げたカルマ。全員が厄を見せつけられているようなものです。自己中心的で自己主張ばかりしてきたことを、誰もが反省し、軌道修正しなければならないでしょう。

そのためには、世の中は風当たりが強く冷たいものだ、人は厳しいのだということを知る必要があるのかもしれません。闇を見なければ光がわからないからです。パワハラやモラハラだと感じたときは、正論というものを学ぶときなのだという、俯瞰した視点をまず持ってください。

38 出会いがない厄・結婚できない厄

「厄祓いをしたら良い人に出会えますか？　結婚できますか？」と尋ねられたら、私は即座に「それはありません」と答えるでしょう。

これまで多くの女性相談者から「出会いがない」というセリフを聞いてきましたが、よくよく聞いてみると、その原因は「出会いたい人を限定している」からでした。自分視点で選ぼうとして、いわゆるストライクゾーンが針穴のように狭いのです。

そしてもっと突き詰めると、「人が好きじゃない」という一面も。なぜなら、一歩街に出たら、どれほどの男性が歩いていることでしょう。それなのに「出会いがない」「いいと思う人はみな既婚者」などというのは、もはや人が好きではないし、結婚も望んでいないというのが本音なのではないでしょうか。

未婚率が高い昨今、独身男性は多いはずです。講演会などで私は冗談交じりにこんな話をします。「出会いがないというのなら、秋葉原あたりの家電量販店に行って、誰彼構わずウインクしてごらんなさい。それに気づいて寄ってきた男性が『タイプじゃないな』と思ったら、『目にゴミが』といって立ち去ればいい。そのくらいハンターにならなければ、出会えませんよ」と。

もし、譲れない条件があるのなら、結婚紹介所に登録すればいいでしょう。

今どき、白馬の王子様が現れるのを待つなど、妄想に過ぎません。本当に馬に乗って現れたら、気持ち悪くありませんか？　壁ドンや後ろからハグされるというシチュエーションに憧れるのも都合のいい話です。嫌いな人に壁ドンされれば、パワハラでは？　気に入らない人が急に後ろからハグしてきたら、羽交い締めと間違われる可能性もあり、一歩間違えれば犯罪です。

出会いは宿命。それこそたくさんの出会いがあります。しかし、そこから縁を深められるかどうかは運命です。出会いがあっても何もしないのは、まるで回転寿司で寿司ののったお皿がたくさん回っているのに、まったく手を伸ばさないのと同じ。未来は自分次第なのですから、「お皿を取ったら？」「欲しいネタが回っていないなら注文したら？」と言いたくなります。

相手の条件やシチュエーションにばかり妄想を膨らませるのは、宿命の出会いをスルーして、自分しか見ていない証拠。それでは縁を深めることもできないでしょう。

厄祓いに行くくらいなら、回転寿司で人生を学んだほうがまだいいかもしれません。

39 不倫の厄

人は誰しも、いつも同じテンションを保って生きていられません。バイオリズムにも左右され、ついふらふらとしてしまうことがあるのは事実。しかし大切なのは、そのときに表れる考え方や生き様です。

バイオリズムが良いときならば、自分の心のお守りが上手にできます。しかしバイオリズムが低いときは、誤作動を起こしやすいと申し上げてきました。自分で自分をあやせず、不安や充実感の無さに翻弄されて、手っ取り早く快楽を選びがちなのです。もちろん依存心も出るでしょう。感情的になり、それが過食に出たり、買い物依存になったりすることも。不倫や浮気というのも、その一例です。心の隙に「今さえ良ければ」という感情が重なって快楽を求め、自分や相手の事情も構わずハマってしまうのです。

これまでの厄でも述べたように、何かにハマって煮詰まったときは焦って現状を打破しようとせず、あえてフェイントをかけることがポイント。不倫も同じです。それには一発逆転の変化など考えず、まず規則正しく、ゆったりとした生活をすること。その淡々とした生活が心の余裕を取り戻すことにつながります。すると不倫相手に対して持っていた「この人じゃなきゃダメ」という気持ちが、誤作動によるただの執着だったと気づけるでしょう。

ダメとわかっていながら一線を越えてしまうときは、憑依が関わっていることも少なくありません。必ずしも生前不倫していた憑依霊が来るとは限らず、なんらかの執着を持った霊の場合も。自分の執着と相乗効果を起こすと、どんどん深みにハマってトラブルが大きくなり、人生の転び方としては派手になるかもしれません。しかしそれで自分も憑依霊も「私、何やっているんだろう!?」と気づき、憑依霊が離れるという良い意味でのショック療法が起きることもあります。そういう意味では、憑依も悪いとは言い切れないでしょう。そのくらい激しく転ばないと、身に染みない、気づけないということは、誰にでもあるからです。

こうしたことを理解していると、もし自分が不倫や浮気をされても、「許す、許さない」と感情的にならずに済みます。浮気された自分にも何かしらの原因があることは自戒しつつ、相手に対し「お守り上手になれなかったんだね」と達観できるでしょう。二人でやり直すと決めたら、いつまでも根に持たないことも厄祓いになります。

40 別れの厄

第1章で述べた「自分にない厄は来ない」という意味をもう一度、思い出してください。災いのような急転直下の別れなど、ありません。因縁果があっての別れであり、結果だけを見るのは近視眼的です。そこに至るまでを振り返って学ばなければ、たましいの成長もありません。

そして厄は軌道修正です。あなたが今まで別れはマイナスだと考えていたなら、その考え方も軌道修正しましょう。バイオリズムが低いから別れたとは限らないのです。実は良いときに別れることも少なくありません。なぜなら、別れがあるから出会いがあるのです。長年付き合っていた人と別れたら、すぐに良い人と出会って結婚したなど、よくある話です。いつまでもセンチメンタルに酔って、良い出会いをスルーしてしまったらもったいないではありませんか。

「君には僕よりもっとふさわしい人がいる」「僕たちは別れたほうが幸せになれるんだ」などという男性がいますが、それは「君のことが嫌いだ」「愛がなくなったんだ」とハッキリ言えない男の逃げ口上であり、言い訳だと心得ましょう。「じゃあ、自分にぴったりの人を探すわ」と、新しい出会いに目を向けるのが厄祓いです。

「年回りが悪いのですが、結婚しないほうがいいでしょうか」と尋ねる人がいますが、「そう思うならやめたらいいのでは?」と、私なら言います。冷たく聞こえるかもしれませんが、本当に好きならば誰がなんと言おうと結婚するはずで、すぐに準備を始めるでしょう。

人にアドバイスされて決めれば、その先にうまくいかないことがあったとき、その人のせいにしてしまうかもしれません。人生の主役は自分です。自分主体で選び、決めていかなければ自分の人生ではなくなります。

結婚のタイミングを人に聞くのも、結婚自体を迷っているからではありませんか? 年回りを言い訳にしているだけです。何を迷っているのかは、自分で考えなければなりません。

もちろん別れは恋愛以外にもあるでしょう。別れがあるから出会いがあるというのは、すべてに共通しています。あなたは学生時代、卒業式ごとに「厄だ!」と苦しみましたか? 友達と別れるのは寂しくても、次の出会いも楽しみにしていたのでは? それを思い出せば、あなたの別れへのこだわりも軌道修正できるはずです。

41 過去の人間関係の厄

過去にあった人間関係、特に良くない出来事に関する気持ちはとにかく放念しましょう。いつまでも引きずっていることが厄です。会いたくないと思っている人に限って、ばったりと街で会ったりした経験はありませんか？　ちょっとでも心にあれば、自らの波長で引き寄せてしまいます。

また、過去に付き合っていた人など、かつての恋愛相手と同窓会などで再会するのは、自分を試すための厄です。

お互いに独身なら問題ありませんが、どちらかが既婚の場合は、ワナと思ったほうがいいでしょう。「ちょっと遊ぶだけ」というなら、遊べばよいですが、そこにどんな大きな厄がついてくるか……。安易な気持ちでそのような関係になったことを、見せられる鏡、そして軌道修正は、あなたにとってかなり大きな代償を実感するものとなるでしょう。

過去の恋愛、それも成就せず中途半端で終わった恋愛は、美化され彩られています。だから

「私たちって、やっぱり縁があったのね」などと思いがちですが、それは落とし穴です。バイオリズムが低いときで、今の自分に惑いがあれば、ロマンチックな感情だけでその落とし穴に、落ちてしまうでしょう。

特に過去の人間関係との再会は、節目だからこその清算を意味する場合があります。それまでの自分の考え方、生き方、すべてが試されていると思ったほうがいいのです。だからこそ、自分の一番弱いところを突いてくるもの。心のどこかに寂しさがあったり、現在の人間関係に疲れていれば、「昔は良かった」という気持ちにもなりがちです。そんなときに、過去の恋愛相手と再会してしまったりするのです。

それが理解できれば、節目のときの再会には慎重になれるでしょう。「ちょっと遊ぶだけ」などと勢いで行動せず、歯止めもかけられるはずです。

もちろんすべては自分にとっての学びですが、行き当たりばったりの行動で学ぶよりは、自分をコントロールし、成長を実感できる学びにしたいもの。ですからバイオリズムの良し悪しにかかわらず、落とし穴はいつでもあると覚悟しておきましょう。

42 ママ友の厄

ママ友自体は厄ではありません。しかしママ友とトラブルが起こる場合は、自分がママ友をどのようにとらえているかという考え方が浮き出た、鏡としての厄と言えるでしょう。

そもそもママ友というのは、子どもがあってこその関係。つまり、子どもの教育が有意義に行われるためのお付き合いです。ママ友という言葉の通り、ママと友達になろうと考えること自体が間違い。子どももお友達、ママもお友達はあり得ないという前提でいなければいけません。

私は、ある華道の流派で使われる真《しん》・副《そえ》・控《ひかえ》という言葉をよく使います。主軸となる「真」の花、それを引き立てるための「副」の花、全体を統一するための「控」の花を生けることが、調和の基本とされているそうです。それは人生も同じ。自分にとっての真・副・控が何かをしっかり持っていないと、振り回されてしまいます。

この場合で言えば、真は子どもでしょう。子どもが充実して過ごせるかどうかが主軸で、あとのことはすべて副と控です。ですからママ友とのお付き合いは本心を隠して仮面をかぶり、腹六分に徹するのです。心を開く必要はありません。「ごめんなさい、仕事があるの」と、物理的に距離を置いてもいいでしょう。機転を利かせ、方便を使うテクニックも、ときには必要です。もしそれで「付き合いが悪い人ね」と仲間外れになっても、子ども同士が仲良く遊んでいるならよいのです。もし子どもまでも仲間外れにされてしまうなら、別のところで子どもを遊ばせればよい。子どもはどこでも誰とでも、すぐに友達になります。

実は「子どもが仲間外れにされている」と親が思っていても、子どもは単に「一人でいるのが好きで一人遊びが楽しいだけ」の場合もあります。人は自らの経験による自分のフィルターを持っていて、そのフィルターを通してものごとを見たり、感じたりしがちです。過去に仲間外れにされた経験を我が子に重ねて「一人ぼっちはかわいそう」と思い、「ママ友と仲良くなってうちの子を仲間にいれてもらわなくちゃ」と考えてしまうのです。そういう意味では、自分の子どもを自分と重ねず、客観的に見る目を持たねばなりません。

また、友達が少ないから手っ取り早く子どもが主役の場でママ友を作ろうなどというのは横着な考え方。「ママ友の厄」を感じたら、あなたがその横着さと真・副・控を学ぶときです。

43 仕事仲間の厄

職場は仕事をするところであり、友達を作るところではありません。ときどき「職場で出会いがないのです」と言う人がいますが、「職場はお見合いクラブじゃありませんよ」と、私は言っています。仕事をしてお給料をもらっているのに、出会いもあって、仲良しの友達もいてなど、全部を職場に望むのはあまりに怠惰ではないでしょうか。

前述の「ママ友の厄」にも通じますが、真・副・控を間違えているとしか言いようがありません。そういう意味では、それを見せつけられる厄が来る可能性はあるでしょう。

馴れ合いのような関係でいれば、変な遠慮や甘えが出て、仕事に不利益が出る可能性もあります。逆に、仕事に支障が出るような嫌がらせがあるなら、「仕事に差し障りがあるので、やめてください」と理性的に言いましょう。職場の人間関係など気にならないほど、淡々と仕事ができることが理想。「仕事仲間の厄」を祓いたいなら、大事なのは群れないことと心得ましょう。仕事仲間とは腹六分の付き合いをし、孤高でいることです。

44 ご近所の厄

ご近所問題は二種類あるでしょう。まずは引っ越し先のご近所に問題がある場合。そして最初は良い人だったのに、途中から騒音を出したり嫌がらせをしたりするなど豹変した場合です。

前者の場合は、引っ越す前のリサーチを欠かさないことで回避できます。興信所を使うくらいの慎重さが必要です。というのも現代では近所付き合いが希薄で、どんな人が住んでいるのか周囲の住人も知らないなど、自力でリサーチしようがないこともあるからです。入居後、「隣に住んでいる人が実はトラブルメーカーだった」などとわかっても困ります。賃貸ならまだ引っ越すこともできるでしょうが、買う、建てるとなるとそう簡単にはいきません。

途中で隣人が豹変したという場合は、残念ながら「逃げるが勝ち」と思って引っ越しましょう。正攻法で対応しても状態が良くならないような異常な事態が起きる時代です。その心構えを持ち、引っ越し費用を用意しておくなど、「備えよ、常に」を心がけること。家に執着せず、準備を怠らないことが、厄を最小限にするお祓い方法です。

45 家族の厄

家族はたましいの学校です。お互いが切磋琢磨して学ぶ場。お互いを鏡のように見て自分の良いところに気づいたり、反面教師にしたり、ベストな学びができるよう自らで家族を選んで生まれてきているのです。

厄ということで言えば、自分以外の家族が問題を起こしたり、事故に巻き込まれたりというのも学びです。自分にとって辛いのは、自分自身に何かが起きるよりも、家族に何かが起こることではないでしょうか？　「代わってあげたい」と思うほどの心の痛みを感じるのも、家族だからです。それだけにより深い気づきがあり、家族としての軌道修正もあるはず。だから「自分の厄を、家族が代わりに受けたのでしょうか？」というのは間違いです。誰かの犠牲に誰かがなるということは一切ありません。例えば、子どもに何かあったときは、子どもの学びであると同時に、家族みんなの学びなのです。

家族のトラブルがあるからといって、どんよりとした空気のなかで過ごすと、みんなの考え方もネガティブになりがちです。煮詰まったときは、部屋の模様替えをし、空気を入れ換えるなどしましょう。気持ちを切り換え、家族で大掃除をすればオーラマーキングになります。神棚や仏壇も一緒にきれいにし、お参りしましょう。家族に何か起きるときは「家族の結束を高めなさい」「愛情を学びなさい」というメッセージが込められている場合が多いもの。みんなで行動することで家族が一丸となり、結束も高まるはずです。

46 子どもの反抗の厄

子どもの反抗は前述の「家族の厄」同様に、お互いを見つめる鏡となります。親は自分を振り返ることで、例えば家庭内が寂しい状況だったと気づき、軌道修正していくきっかけになるでしょう。子どもは子どもで、親の変化からも学びます。それは「雨降って地固まる」そのもの。そうやって切磋琢磨しながら、本当の意味で家族になっていくのではないでしょうか。

世間から見れば立派な親なのに、子どもが反抗的でやんちゃをするというケースがあります。ときには破天荒な行動で、親が周囲に頭を下げなければならないようなことが起きる場合もあるでしょう。親は「なぜうちの子は」と思うかもしれませんが、だからこその学びとは言えないでしょうか。親の言うことは確かに正論でも、子どもがその正論に追い詰められてしまうことがあります。正論であっても愛情を感じるような言葉を選ぶなど、その子に合わせた伝え方が必要なこともあるのです。親は、愛情の伝え方が間違っていないか、子どもに寂しい思いをさせていないかなど、家族関係を多面的に振り返ることが大切です。それが厄を上手に役立てるということでしょう。

また、バイオリズムが低いときは、こうした学びも浮き出てきやすくなります。それは親のバイオリズムが低くても、子どものバイオリズムが低くても、です。なぜなら互いに学び合うからです。

昔はやんちゃだったけれど、大人になってすごくいいお父さん、お母さんになっている人は少なくありません。多くの親たちは近視眼的で、一過性の反抗期を苦しいものと受け止めがちです。反抗が一生涯続くわけではありません。必ず夜は明けるのです。

子どもの反抗は成長のバロメーターだと受け止めましょう。お互いのたましいが成長する、大切なときです。

47 空の巣症候群の厄

子育てを終えたあと、「私には生きる価値がない」と無気力になってしまう空の巣症候群。自分のアイデンティティを子育てに求め、生きがいにしていた結果です。責任主体に生きてこなかった生き様が、厄として浮き出たのです。これも因縁果でしょう。

そのような厄は子育てに限らないものです。親の介護がいつしか主軸になり、親が亡くなると何もやる気が起きなくなってしまう。仕事の定年を迎え、自分の存在価値を見失う。どのようなことでも、起こり得ます。

厄として見せられているのは、子どもや親、仕事などに依存していた自分です。そこに気づかなければ、これからも何かに依存しようとするかもしれません。

子育てを終えたということは、年齢的に考えても人生の後半戦です。最後のメンテナンスだと思って、生き方の軌道修正をしましょう。責任主体の人生を生きようと決意することが厄祓いです。まだ子育て中の方は、自分が子どもと共依存にならないよう、今から気をつけましょう。

48 親の厄

日本人の場合は特にそうかもしれませんが、子どもは親の言うことを聞かなければならないと、思い込んでいる傾向があるようです。

例えば、子どもにお金の無心をする親、子どもに介護を頼る親。子どもの側からしてみれば、まるで親が厄そのものに思えるかもしれませんが、親に対する自分の思い込みを見せられているのです。それが厄年やバイオリズムの低いときに起きたら、自分を見定めるターニングポイントだと思いましょう。

大事なのは自律。そして責任主体の人生を生きること。それは好き勝手に生きるということではありません。腹くくりをして、自分の責任で、自分の人生を生きるということです。ですから、親がお金の無心をしてきたときは「自分の生活があるから出せない」、あるいは「できる範囲で援助しよう」と、自分で決めればいいだけ。あとは自律して、対処しましょう。

介護についても、できないのであれば仕方がありません。無理をして共倒れになるより、施設に入る道筋をつけてあげればよいのではないでしょうか。親が「あんたに面倒を見てもらいたいの」と言ってきても、「私は仕事を辞めなければならなくなるし、食べていけなくなるのです。だからごめんなさい」と言いましょう。

決められない人の多くは、世間や親が自分のことをどう思うかを気にしているのです。親のためという気持ちではなく、実は自分のためにやっていることに気づかねばならないでしょう。周囲の人から「あなた、娘なのに親の面倒を見ないなんて冷たいね」と言われたら、「でもできないのです」と堂々としていればよいのです。「面倒を見るのはイヤ、世間に冷たいと言われるのもイヤ」は、わがままです。「できることはできる。できないことはできない」という見極めを自分でつけ、腹をくくって決断し、あとは自律あるのみです。

もし、親や子どもが事件などを起こして、一緒にいないほうがお互いのためだと思うなら、離れて暮らす選択もあるでしょう。家族だから支え合わなければいけない、一緒にいなければいけないという思い込みはときに罪作りです。世間がそう思い込むことで、その家族を追い込んでしまう場合もあるからです。なんでも冷たくしろという意味ではありません。家族といえどもたましいは別。群れずに責任主体で孤高に生きることが大切なのです。

49　不妊の厄

厄は自分を映す鏡だと、何度も申し上げてきました。では、もしあなたが不妊を厄だと思うなら、その鏡に映し出されるのは何でしょうか？　なぜ子どもを持ちたいかという基本的な部分、子育てについての考え方、夫婦関係や親、義理の親との関係はもちろんのこと、命そのものや、自分の人生の課題など、あらゆるものが映し出されているはずです。

不妊治療をしている人のなかには、「いつまで続ければいいのかわからない」という人も少なくありません。そんな方には「あなたがやめたいときにやめていいのでは？」と、私は言っています。しかしこれで終わりにしようと思っても、医者に「○回目でうまくいく人もいる」「あきらめた頃にできたりする」などと言われ、なかなかやめる選択をできない人もいます。

子育てはボランティアです。その本来の意味を見失い、子どもを持つことが目的になってしまうのは物質的価値観に囚われていると言えるのではないでしょうか。

夫が「子どもができなければ二人の生活を大切にして、楽しもう」と言ってくれているのに、妻のほうが「子どもが産めなければ女として、妻として、ダメな気がする」と頑《かたく》なな人もいます。そのような人の鏡に映し出されるのは、聞く耳を持たない頑固さや自分の考えに固執する姿、視野の狭さかもしれません。不幸の数ばかりを数えていたら、理解あるやさしい夫がいる幸せさえ見えなくなってしまいます。

かつて私が個人カウンセリングをしていた頃、不妊に悩む方を霊視してみると、すでに子育てに近いことをされている方も多くいました。例えば、子どものように手のかかる自分の夫、会社の部下や後輩、学校や習い事の先生として教え子を育てているというケースも。

世の中には親のいない子どももいます。養子という考え方もあるでしょう。

広い視野を持てば、子育てというボランティアはさまざまな形で経験できるのです。

子どもがいる学びもあれば、いない学びもあります。闇がなければ、光もわからないように、どちらも大切です。ですから、子どもを持つことがすべてではありません。授かれないことを受け入れなければならないこともあるのです。その経験と感動があるからこそ、わかる思いもあるはずです。それがあなたのカリキュラム。不妊は祓うべき厄ではありません。あなたを映し出し、気づかせてくれるという意味で、受け入れるべき厄なのです。

50 流産の厄

もしあなたが流産したとしても、「自分の厄のせいで流産した」と思うのは間違いです。流産は堕胎とは違います。第3章で詳しく述べますが、死は宿命であり、流産もまたその子の短い寿命という宿命なのです。

子どものたましいは、お腹のなかに宿ったとき、すでにこの世に生を受けたのであり、生まれたのも同然です。だからお腹に宿ったときから子育てが始まっているのです。

たとえ短い期間であったとしても、あなたは子育てというボランティアをし、その子はこの世のショートステイを懸命に生きたと言えるでしょう。その子は自分の人生を生き抜き、お腹のなかでちゃんと経験と感動を積んで、人生のカリキュラムをまっとうしたのです。

我が子を亡くすのは悲しく寂しいことです。しかし、いつまでも悲しみに囚われてしまうのは、子育てがボランティアであるということだけでなく、私たちはたましいの存在であるという視点を忘れているからでしょう。たましいは死んで無になるわけではないのです。

また、自分のせいだと責め続けるのは、厳しいようですが自己憐憫です。

もちろん流産にも学びはあります。命の大切さを知ることです。それはあなた自身だけではなく家族や、関わるすべて人の学びです。あなたにすでに子どもがいれば、その子もこの世に生まれ出てこなかったきょうだいの命について学ぶでしょう。ですから、流産について包み隠さず話し、「命が育つことは大変なこと。だから命は大切なのだ」と教えましょう。ここにも学び合いがあるのです。

現代は医療が発達したおかげで、昔に比べれば流産は減ったかもしれません。でもある産科医は「普通に生まれて当たり前と思いすぎです。死産はあります。でも、だからこそ命を大事にしようと思うのです」とおっしゃっていました。

視野を広げれば、医療というものへの過信や当たり前という思い込みにも気づかされるでしょう。あなたは我が子の短い子育てのなかから、多くの学びや気づきを得られたはずです。それでもまだ、あなたは流産を祓うべき災いと思いますか？　それとも大切な我が子とともに、さまざまなことを学び合うことができたと、感謝しますか？

51 ペットの厄

厄年のときに、飼っているペットの具合が悪くなったり、病気や事故などで亡くなると、自分の身代わりになったのではないかと考える人が多いようです。言えるのは、飼い主の厄を引き受けてペットが亡くなることはありません。

動物は自己保存本能の強い生きものです。なかでもペットは、飼い主に対して献身的。それも自己保存本能のためです。飼い主がいないと自分は生きられないと考えています。ですから、飼い主より先に自分が死のうとしてしまうのです。

事故に遭いそうになった飼い主を、ペットが助けて代わりに亡くなったという話がニュースになったりしますが、これも「助けた」というよりも、「自分が先に」という気持ちからの行動です。

逆にこのことを理解すると、すべてとはいいませんが、飼い主は自分の健康に気をつけたほうがいいとわかるでしょう。厄年にかかわらず、バイオリズムが低いときは、健康診断を受ける。気になる不調があるならば、病院で診てもらって損はありません。命に関わる病気とは言わないまでも、ペットの世話がしにくくなるような環境や生活の変化があるかもしれませんから、健康や生活全般を見直してみましょう。人生の節目のサインを、ペットが知らせてくれたのかもしれないからです。

ほかにも、ペットが亡くなる事例としてこんなケースもあります。例えば、ペットのいる家庭に子どもが新たに生まれたのと同時に、ペットが亡くなるというケースです。これは動物による代替わりの本能が働いたため。やはり自己保存本能の一種です。ですから「赤ちゃんの身代わりになったのでは？」と考えるのではなく、赤ちゃんのためにペット自身が身を引いたことを理解し、「ありがとう」という気持ちを伝えましょう。

ペットのたましいも亡くなって無になるわけではなく、ちゃんと飼い主の気持ちを受け止めます。ペットは自分が一番幸せなときを選んで、あの世へ帰りますから安心してください。

ちなみに、厄年にペットを飼い始めるのは悪いことではありません。新たな命を迎えるのですから、大切に面倒を見てあげてください。

52 スピリチュアル・ハラスメントの厄

スピリチュアル・ハラスメント（スピハラ）とは、真偽はともかくスピリチュアルにまつわることを言って信用させ、相手を脅すことです。インチキ霊能者や偽占い師、悪い宗教などのそんな口車に乗って、高額なお金をだまし取られたりするのは厄に思えますが、自分の弱さや依存心を見せてくれていると言えます。

そもそも霊能者や占い師に視てもらおうと自ら出かけて行くのは、良いことを言ってもらいたい気持ちや、安易に答えを出して欲しいという気持ちがあるからではないでしょうか。もしくは悪いことを言ってもらい、「やっぱり！」と思いたい気持ちがあるのかもしれません。特に考え方が頑なで、素直に人の言葉を聞かないタイプは、スピハラに要注意です。

これだけは覚えておいて欲しいのですが、高級霊は「〇〇をしなさい」などと命令や強要をすることはありません。それをするのは低級霊ですし、そんな霊とつながる霊能者も、類は友を呼ぶ「波長の法則」で考えれば低級ということです。

なかには「あなたの厄を落とさないと家族が死にますよ」などと言って、高額なお祓いを受けるように脅す霊能者もいます。お祓いを受けずに帰ったところ、本当に家族の一人が亡くなってしまったという場合でも、これは誰かが死ぬということを予知し、それを利用しているだけ。その霊能者は自分の霊能力を悪用したのです。寿命は宿命です。どんな霊能者でも、それを変えることはできませんので、お祓い云々とは関係ありません。

また、死までいかなくても「厄があるので事故に遭いますよ」と言われて、本当に遭う場合も。とはいえ「当たる＝正しい」とは限りません。霊能の使い方を数式にたとえるならば、プラスとプラスをかけるとプラスになりますが、マイナスとマイナスをかけてもプラスになるのと同じこと。つまり、インチキ霊能者でも当てられる人はいますし、霊能があっても邪悪な人はいるということです。もし、厄だの事故だのと言われたら、心配のメカニズムを思い出しましょう。言われたことに心を配って、そちらに引っ張られてしまわないよう「それはない」と強い気持ちで突っぱねなければなりません。

よくありがちなのは、身内の霊やご先祖様を持ち出すケースです。「ご先祖様が、欠けた墓石を直さないとよくないことが起こると言っています」「○○をしないと自分は浮かばれないと言っています」など。亡くなった霊が自分の欲求からメッセージを伝えてくるのは、子どもが「お腹が空いた。おやつちょうだい！」と言っているのと似ています。親なら「ご飯の時間にちゃんと食べないからでしょ。おやつはダメ！」と言うのではありませんか？　霊だって同様です。そのメッセージが本当だったとしても、「墓石が欠けてるくらいなんですか！　こちらは生きるのに精一杯なんです。墓石を直すどころじゃないんですから我慢してください」「浮かばれないなら、自分で浮かんでください。自分の人生は自分で落とし前つけなさい」と、逆に説教してもよいくらいです。もし霊能者が「いいんですか？　このままではあなたに悪いことが起きますよ」と脅してきても、「ご勝手に！」と突っぱねましょう。もし怖くてお金を払ってしまったら、それは素行の悪い子どもが近所で暴れないように「お小遣い渡すからおとなしくして」と言っているようなものです。それが良いことでしょうか？

重ねて言いますが、脅されたり、不安になるようなことを言われたりして、お金を要求されても従ってはいけません。どうしても不安だというなら、自分で自分をお祓いしましょう。笑いは一番のお祓いですから、毎日明るく、朗らかに過ごすのです。「笑い声の絶えない楽しい家庭に災いなし」と心得ましょう。

「霊が憑いていますよ」と言われたら、「でしょうね。でも自分で祓えますから大丈夫です。それに、あなたにも憑いていますよ」ぐらいなことを言い返せる腹くくりがあれば、スピハラに屈することもないはず。そもそものような腹くくりがある人は、霊能者や占い師にアドバイスをもらおうとは考えず、自分で運命を切り拓いていくでしょう。

53 木を切ることの厄、井戸を埋めることの厄

前述のように、厄と思われるものは、自分の姿を見せてくれ、膿出しとなるなど、結果的にたましいの成長につながりますから、悪いとは言い切れません。しかし、バイオリズムが低くなっていると感じるときは、「君子危うきに近寄らず」という選択も大切です。自分は鈍感でわからないというのであれば、厄年や年回りなど一般的に言われるものを参考にしながら、そのような年に、ふだんしないことをするのを避けるようにしましょう。庭にある大きな木を切る、古い井戸を埋めるなどもその一例です。

木には自然霊が宿っていますし、井戸というのは命の源である水を供給してくれる恵みの場所。昔の人はそうしたことを理解して、感謝しながら共存してきました。現代人はそれを忘れがち。これまでの感謝もなく自分たちの都合で簡単に木を切ったり、井戸を埋めたりしようとすれば、その非礼を厄という形で教えられるかもしれません。切ったり、埋めたりするにしても、身勝手な行動であるという自覚は持ったほうがいいでしょう。

どうしてもしなければならない場合は、感謝を伝えながら行う方法として『あなたの呪縛を解く霊的儀礼』を、参考になさってみてください。

54 旅の厄

バイオリズムが低いときというのは、気分転換をしたくなるものです。気分転換自体は悪くありません。するならば大冒険をせず、無難な道を選ぶこと。第1章でも述べたように、「流れが悪いと思うとき、停滞しているときは慎重に行動する」というのが鉄則です。

旅行は手軽な気分転換ですが、そこで大きな厄にしないためには、以前に行ったことのある場所を選ぶのがポイントです。特に良い思い出のある場所に行き、ホテルや旅館も可能ならばそのときと同じ部屋を指定しましょう。

これが「彼氏と別れた場所」というようなネガティブな思い出の場所に行くと、かえって感情的になり、誤作動を起こすかのようにトラブルになる可能性大。また、今まで海外旅行に行ったことがないのに、思い切って行くなどは冒険のしすぎです。低い波長とも呼応して、類は友を呼ぶ「波長の法則」でトラブルも招きやすくなります。

新しい場所で新しいことをするのは、バイオリズムが良いと感じるときにしましょう。

病の厄

ここからは「病の厄」についてお話ししていきます。最初に申し上げておきますが、体に不調があるときは病院で診断と治療を受けましょう。人間はたましいの存在ですが、肉体という物質をまとっています。物質界である現世に生きている以上、郷に入っては郷に従うのが筋。ですから肉体をきちんとメンテナンスする必要があるのです。

そして第1章でも述べたように、スピリチュアルな視点から見れば、病にはたましいからのメッセージがあります。これから紹介するメッセージはその可能性の一つに過ぎませんが、厄という視点も加えれば病はあなたを映し出す鏡であり、「これまでの生活習慣や考え方の癖を軌道修正しましょう」と教えてくれているととらえられます。もちろん、こんな生活や考え方をしているから必ずこの病気になる、この部分に不調が出るというわけではありません。誤解なきように。

しかし、あなた自身がそれをきっかけに自分を振り返ることは大切な学びとなります。病が発するメッセージを知れば、病がただ苦しいだけのものではなくなるでしょう。病から得た学びによってあなたの人生はより深く豊かになるはずです。

よく「病気になったおかげで、今まで気づけなかったことに気づくことができました。ですから病気に感謝しています」という人がいます。健康のありがたみに気づき、自身の考え方が変わったということでしょう。孤高に生きていても、病気で助けが必要なときはあります。そんなときに手を差し伸べてくれた医療従事者や周りの人への感謝もあるのではないでしょうか。だからこそ「生きるということは、誰かに迷惑をかけているものだ」と気づき、すべての人に感謝もできるようになるのです。

これから体の不調にどんなたましいのメッセージが考えられるか、ポイントも挙げながらお話ししていきます。改めて申し上げますが、それは可能性の一つ。内省のためのヒントです。また【癒やしのためのセルフお祓い】も挙げていますが、これは災いと受け止めがちな考え方を祓い、病と向き合いたましいを癒やすという意味のものです。体の異変を感じているならば、必ず病院で診断と治療を受けましょう。また、健康を過信せず定期健診も受けてください。体調が悪ければ理性で考えられず、感情的になりがちです。規則正しい生活をすることも含め、肉体とたましいの両方から、常に健康を心がけましょう。

55 目の厄

目がかすんだりして見えにくくなると、よく見ようとじーっと目をこらすようになりませんか？　つまり目に不調が出るときは、「ものごとをよく見ていますか？」「表面的なことだけではなく、しっかり本質を見つめていますか？」というたましいからのメッセージの場合があります。

それぞれの目の不調について、どんなメッセージが考えられるか挙げていますので、振り返ってみるヒントにしてみましょう。そして自分を変える努力をするとともに、スピリチュアルな視点から見た癒やしのためのお祓い方法も試してみるといいでしょう。

疲れ目

●ものごとを注意深く見ていますか？

●大切なことを見落としていませんか？

視力が落ちる・目が痛い・かすみ目

●重箱の隅をつつくように、人のあら探しをしていませんか？

●会社の不正や友達の裏切りなど、直視したくないものに対して、気づかないふりをしていませんか？

ものもらい・結膜炎

●会社の上司など、目上の人に対して失礼な言動を取っていませんか？

●親を大切にしていますか？

〈癒やしのためのセルフお祓い〉

両目を閉じて、手を額と後頭部に当て前後から頭を挟みやさしく押さえます。

額は「第三の目」、後頭部は「霊眼」と言われ、たましいの目があるとされています。自らのハンドパワーで、良きエナジーを送るようなイメージをもって行いましょう。

56 耳の厄

「目の厄」と同じようなことですが、耳が聞こえにくくなると、相手の声や周囲の物音に、一所懸命に耳を傾けるようになります。耳に不調が出るときは、やはり「相手の意見を聞き入れない頑固さがありませんか?」「マイペースなあまり、人の言うことを聞き流していませんか?」というたましいからのメッセージの場合があります。

難聴

●意固地にならず、人の意見に耳を傾けていますか?
●人の話を適当に聞いていると、ミスにつながりますので気をつけましょう。
●すべてを真に受けるのではなく取捨選択し、必要のないことは受け流しましょう。

耳鳴り

●忙しすぎて落ち着きがなくなっていませんか?

●時間に追われて、自分を振り返る余裕がなくなっていませんか？

〈癒やしのためのセルフお祓い〉

耳の後ろ側、耳と顎をつなぐラインを指で静かに押さえます。

指先から良きエナジーが耳に入るようなイメージで行いましょう。

57 口内の厄

「口は禍の元」という諺があるように、失言が元でトラブルを招いた経験は誰しもあるのではないでしょうか。口内に不調がある人は「失言に注意しましょう」という、たましいからのメッセージかもしれないと、我が身を振り返りましょう。

もちろんビタミン不足が原因で口内炎になることも。偏食などの食生活や睡眠不足などが原因とも考えられます。「そうした生活を良しとしている自分の考え方を改めましょう」というメッセージかもしれません。

また、歯が悪くなるという人のなかには、寝ている間に日頃のストレスを思い出して、歯ぎしりをしたり、歯を食いしばってしまうということもあるでしょう。

短絡的にとらえず、視野を広げてメッセージを分析し、省みていくことが大切です。

口内炎

●口は禍の元。自分の言葉に注意しましょう。
●人の批判ばかりしていませんか?
●グチばかりこぼしていませんか?

━歯がすぐに悪くなる・欠ける━

●知らず知らずのうちにストレスがたまっていませんか?
●精神的に追い詰められていませんか?

〈癒やしのためのセルフお祓い〉

口を閉じ、両手を唇に当てます。
浄化するイメージを抱きながら、良きエナジーを送るようなつもりで行いましょう。

58 喉の厄・呼吸器系の厄

喉も口と同じように、言葉に関するメッセージがたましいから送られている場合があります。喉の調子が悪いときは、言葉で人を傷つけていないか、振り返ってみましょう。

また、痰《たん》がからむなどの不調は、本当は納得がいかないのに、反発されるのを恐れて解決しようとしない姿勢を問われているケースも。

呼吸器全般の不調を通してたましいが告げるメッセージには、嫉妬深さや厳しすぎる思い癖も考えられます。逆に相手から厳しくされすぎて自分に不調が出る場合もあります。

喉の調子が悪い

- 言葉で人を傷つけていませんか?
- 言葉足らずで人を困惑させていませんか?
- 腑に落ちないことがあるのに、良い人に見られたいからと無理をしていませんか?

咳が止まらない

●誰かをせき立てたり、追い詰めたりしていませんか?

●誰かにプレッシャーをかけられ、ストレスを感じていませんか?

息が詰まる

●嫉妬から誰かを束縛していませんか?

●厳しさや過干渉から人を締め付けていませんか?

●つい自慢ばかりして、人の嫉妬心を煽っていませんか?

癒やしのためのセルフお祓い

調子の悪いところを手でそっとさすります。

「ネガティブな思いを流す」という念を込めて行いましょう。

59　頭の厄

「考えすぎて頭が痛い」という経験をしたことがある人は少なくないはず。

脳などの頭に関する病は、「なんでもグジグジと考えすぎて煮詰まり、生きることにも行き詰まっていませんか？」というたましいからのメッセージが考えられます。

また、逆に破天荒な言動を取りがちだったり、いつも短気だったり、カッカと頭に血が上りやすい、という場合も。考え方だけでなく、ふだんの行動も振り返ってみましょう。

━頭痛━

● 自分の価値観だけでものごとを見ていませんか？

● 悩みや迷いの堂々巡りになっていませんか？

━脳梗塞・脳内出血など━

● 一人で思い悩んで、考えが煮詰まっていませんか？

●怒りのコントロールをしましょう。
●焦燥感に翻弄されていませんか?

〔癒やしのためのセルフお祓い〕

1 自分を振り返り、内省しながら、頭部の調子の悪い部分に手を当てます。
2 次に丹田（おへその下あたり）に手を当てます。
心が落ち着くまで1と2を繰り返しましょう。

60 心臓・肝臓・膵臓・腎臓の厄

不安になると心臓がドキドキしたりしませんか？ また、肝臓は怒りの臓器などとも言われます。怒りを飲酒で発散しようとし、飲みすぎてしまう人も。あなたのたましいは「不安になるようなことは避けましょう」「怒りをコントロールしましょう」というメッセージを内臓の不調を通じて、送っているのかもしれません。では心臓、肝臓、膵臓、腎臓の不調について、どんなメッセージが考えられるかを挙げてみましょう。

心臓

●ビクビクせず、自分の心に素直に生きるように。

●焦りや不安は手放し、マイペースで生きましょう。

肝臓

●短気は損気と悟りましょう。

●ストレスや怒りをため込んだり、行きすぎた発散に気をつけ、上手にコントロールを。

―膵臓―

●嫉妬や不安などへの執着心を手放しましょう。

●不幸の数より、幸せの数を数えるように。

―腎臓―

●わだかまりを抱えたまま、根に持ったりしていませんか?

●思いをため込んだりせず、言葉を選びつつ言うべきことを言うなどしていきましょう。

〈癒やしのためのセルフお祓い〉

1 自分を振り返り、内省しながら、調子の悪い部分に手を当てます。

2 次に丹田に手を当てます。

心が落ち着くまで1と2を繰り返しましょう。

61 胃・腸の厄

「気になることがあると胃が痛くなる」という人は多いでしょう。たましいは「あなたのなかに消化できない思いがあるよ」と、教えてくれているのかもしれません。

例えば「こんなのイヤだ」と思い続け、自分の人生を消化できていなかったり、今の状況を「あり得ない。納得できない」と、消化できないでいるかも。

納得できない思いがあれば、不平不満が募ることにもなるでしょう。そのイライラがストレスとなり、消化不良を招いている可能性も高いのです。

また「自分はもっと評価されるはずなのに、なぜ評価されないんだ」という思いから、お腹が痛くなって、下痢をしてしまうという不調に表れる場合も。

「思いを募らせるだけでなく、自分は何をどうしたいのかと一歩進んで考え、行動を起こすための強さを持ちなさい」と、たましいは教えてくれているのではないでしょうか。

━胃・腸━

●不平や不満をためていませんか？
●なぜ自信が持てないのかを考えましょう。
●納得がいかないまま放置しないようにしましょう。
●無責任にならず、自分はどうしたいのかを考えましょう。

（癒やしのためのセルフお祓い）

「たましいを強化する」と念じながら、丹田に手を当てます。

62 泌尿器・生殖器の厄

泌尿器系の不調が示すたましいからのメッセージは、心配症というキーワードがまず挙げられるでしょう。

「緊張するとトイレが近くなる」というような、精神的ストレスから来るものはわかりやすいのではないでしょうか。またせっかちな人が「今、言っておかないと大変だ」と焦ったり、気が小さいあまり強迫観念を持ちやすかったりすると、膀胱《ぼうこう》などに影響が出る可能性も。

また、男性生殖器に関わる不調は、やはり性的なことへのメッセージが含まれていたりします。例えば、性的なことに対する罪悪感など禁欲によるストレス、寂しさや内向的な面などです。

泌尿器科に行くのが恥ずかしいという人は少なくありませんが、それはお医者さんであれ、自分の「秘部」を見せなければいけないからでしょう。そういう状態になるという意味では、泌尿器系の不調には「秘密主義ではありませんか？」というメッセージがあるのかもしれません。

━尿の不調━

●心配しすぎていませんか？

●せっかちになっていませんか？

━生殖器系の不調━

●秘密主義がコミュニケーションの妨げとなっていませんか？

●寂しさに翻弄され、内向的になっていませんか？

〈癒やしのためのセルフお祓い〉

丹田を手で静かになでます。

自分のなかの罪悪感を流し、代わりに良きエナジーを入れるようなイメージで行いましょう。

63 婦人科系の厄

スピリチュアルな視点から見ると、婦人科系の不調は、母性の学びと関わることがあります。それは子どもがいる、いないということに限らず、人に対してどのような心持ちで接しているかという広い視野でとらえなければならないでしょう。ですから「子育てがちゃんとできてないという意味ですか?」などと考えるのは短絡的です。

子育てを完璧にやろうとしすぎて、かえって厳しくなっていないだろうか、人に対して正論ばかりをぶつけていないだろうかといったことも、振り返る必要があるのではないでしょうか。「もうちょっと情けがあってもいいよね」というようなゆとりは、子育てにも、人に接するときにも共通する、大切な母性の表れだと思います。

子どもがいない人も、仕事での部下や、習い事の教え子、後輩などとの接し方、また夫に対する言動などを振り返ってみましょう。例えば、男性は意外と子どもっぽく、気が弱いもの。だから「男らしく」とスローガンを掲げているのです。

最近は夫より妻の方が収入の高い夫婦もいますが、だからといって「これは私が買ったのよ」と、口にするのは野暮。たとえそれが事実であっても口には出さず、夫を立てるくらいの演技も必要ではないでしょうか。

―婦人科系の不調―

●人にやさしく接していますか?

●自己中心的に生きていませんか?

〈癒やしのためのセルフお祓い〉

丹田から腹部上部までを手で静かになでます。

温かいエナジーが送り込まれるのをイメージしながら行いましょう。

64 皮膚の厄

皮膚の不調で考えられるたましいのメッセージは、「不平不満」が一つのキーワードとして挙げられます。

アレルギーのある人は、どこかで受け入れがたい思いをためている可能性も。よく「肌が合わない」などと言いますが、何が合わないのかは人それぞれ。社会そのものかもしれませんし、周囲の人という場合もあるかもしれません。

根底に「どうせ世の中なんて」などと合わないものを拒絶する気持ちがあると、不平不満が膨らんでしまうでしょう。ぶつぶつと文句ばかりを言って、そのことばかり考えていたら、吹き出物が出たということもあり得るのです。

皮膚の不調

● 一つのことに固執していませんか？

●神経を使いすぎていませんか？
●根を詰めていませんか？
●不平不満を募らせていませんか？

〈癒やしのためのセルフお祓い〉

1 不調のある部分に手をそっと当てます。
2 次に丹田に手を当てます。
心が落ち着くまで1と2を繰り返しましょう。

汚れたエクトプラズムを汗とともに毛穴から出すため、ゆっくりと入浴をするのもおすすめです。

※エクトプラズム：肉体から排出される生命エナジーのこと。エクトプラズムは心身の疲労がたまってくると汚れて毒素のようになり、そのままでは新鮮なエナジーを取り込めなくなって、体調を崩しやすくなると考えられている。

65 腰・骨・肩の厄

腰というのは、漢字で見てもわかるように、要です。そういう意味では、腰の不調に対しては「生きる要をちゃんと持っていますか?」というたましいからのメッセージが含まれている場合があります。自立心が欠けていたり、考えが甘かったり、気力のない生き方を送っていないかどうか、見直してみましょう。

また、謙虚な人のことを「腰が低い」と言います。感謝もなく自分が一番だと思っていると、腰の不調で腰を低くせざるを得ないことでメッセージを伝えるケースも。関節の不調は、頑固になっていませんかという意味の場合もあります。骨のトラブルにも共通しますが、「粉骨砕身努力する」という言葉があるように、「口先ばかりだったり、頭でっかちで行動が伴っておらず、努力していないのでは?」というたましいのメッセージが、骨や腰の不調に表れる場合もあります。「肩ひじを張る」「肩を落とす」という言葉があるように、肩は心の張りとも関係があるようです。

―腰の不調―

●信念を持ち、しっかりと生きましょう。

●傲慢になっていませんか?

―肩・首回りの不調―

●人の目を意識しすぎて、頑張りすぎていませんか?

●人を批判したり攻撃したりしていませんか?

〔癒やしのためのセルフお祓い〕

両腕を挙げて、足を少し開き、仰向けに寝ます。目を閉じ、自分の言動を振り返りながら「改善します」と心に誓い、手先から頭、胸元、胴体、足先へと良きエナジーが通り抜けていくイメージを持ちましょう。

66 ケガの厄

ケガを通して告げるメッセージにはさまざまな意味があると考えられます。

人間は自分で「無理をしてはいけないな」と思っても、なかなか思い通りにできるものではありません。私自身、足を骨折した経験がありますが、そのときの状況を考えると「ペースダウンしなさい」というメッセージだったと気づきました。新たなことを始めようと考えているときだったからです。そうやって自分を振り返ったとき、踏みっぱなしのアクセルにブレーキをかけてくれたのだと思うと、感謝しかありません。

例えば、運動選手がケガをするのは当たり前だと思っているかもしれません。けれども疲労骨折などは、やはり練習のしすぎやメンテナンスを怠っていることが原因の場合も。ということは、「もっと体を大事にしましょう」というメッセージなのでは？　いつも元気でいる人に限って、大ケガをしてしまうのは、やはり無理をしているからでしょう。

ケガを単なる厄だと受け流すのではなく、ケガから学び、そのときの導きを分析しながら、「今

は こういうときだな。だからこの部分には気をつけよう」と、心がけることが大切です。

―手のケガ―

●手を出してはいけません。

●仕事を広げすぎていませんか?

―足のケガ―

●先を急いではいけません。

●立ち止まって注意深くものごとを見たり、考えたりするときではありませんか?

―頭のケガ―

●何事も自分でよく考えていますか?

●頑固になりすぎず、柔軟な考えを持っていますか?

―上半身のケガ―

●目上の人に何かと反発していませんか?

●同僚に対するライバル心が憎しみになっていませんか?

━ 下半身のケガ ━

●目下の人に対して親切に接していますか？

●目下の人だからと、追い詰めるような言動を取っていませんか？

〔 癒やしのためのセルフお祓い 〕

1 ケガをしたところに手を当てます。

2 次に丹田に手を当てます。

心が落ち着くまで1と2を繰り返しましょう。

67 血液の厄

血液の病が伝えるたましいからのメッセージには、血縁というように、家族の絆という意味が込められている場合があります。実際には血のつながっていない夫婦なども、家族ですからもちろん含まれます。

絆というのは家族の情という意味でもあります。情が深すぎたり、逆に浅すぎたりということが家族仲に表れることがあるでしょう。思いが強すぎて揉めてしまう家族というのもあれば、薄情すぎるがゆえの揉めごともあるのではないでしょうか。

すべてではありませんが、血液の病気では骨髄移植や輸血など、家族の協力が必要になる場合があります。そのようなときは、それまでの家族関係や、家族に対する思い、現在の状況などから、家族の絆について改めて考えるでしょう。

私は「家族がいても自律し、孤高に生きましょう」と、いつも言っていますが、それは「冷酷になりなさい」ということではありません。家族に思いを向けながらも、依存し合うこととは違うのだと理解しなければならないのです。

またこうした厄を得たときは、家族に限らず、人間関係全体もべたべたしていないか、薄情すぎないかと、見直すことが大切です。

一つの出来事から俯瞰してさまざまに学べる人は、人生を豊かにできるでしょう。

━血液の病━

●家族の精神的なつながりが濃すぎるのではありませんか?

●情に欠けているのではありませんか?

〈癒やしのためのセルフお祓い〉

無理のない範囲で、寝る前に柔軟体操をし、血液の循環を良くしましょう。また心を落ち着けて、家族を思う気持ちと自律して生きることのバランスについて考えてみましょう。

68 声の厄

音《ね》がかれるというように、声の不調は生きるエナジーが不足して、たましいの根が枯れている状態の表れと考えられます。「生きることについてしっかりと考えましょう」というメッセージが込められているかもしれません。生きる気力を失ったり、自信を無くしたり、声が小さくなりがち。ふだんからしっかり声を出すよう心がけると、気力を高めることにつながります。

━ 声の不調 ━

● 栄養を摂り生気を養いましょう。
● 信念を持ち、気合いを入れて生きていきましょう。

〈 癒やしのためのセルフお祓い 〉

鎮魂法（「無気力の厄」参照）を毎日の習慣にし、たましいを活性化しましょう。

69 メンタルの厄

メンタルの不調における、たましいからのメッセージは、やはり「自分を見つめ直しましょう」という場合が多いようです。

例えば、妬み、嫉《そね》み、憎しみなどに翻弄されれば、メンタルにも不調を来たします。そこには「もっと想像力を持ちましょう」「頑固になりすぎていませんか？」というメッセージがあることも。

「一所懸命やってきたのに、なぜ私は認められないの？」と気に病むのは、自分を人と比べて嫉妬しているからですし、観念的だからです。「一所懸命」や「評価」の定義を具体的に言語化できなければ、判断もできず、すべきことの焦点も定まりません。

厳しいようですが、それは「自分はこれだけやった」という感情の押しつけに過ぎないのです。その頑固さに気づかなければ、また人と比べていることを自覚しなければ、心にどんどんと負担がかかってしまうでしょう。

「自分は人に対して妬み、嫉みを持ったことがない」と言いながら、実は根底にある嫉妬心に翻弄されていることに気づいていない人は少なくありません。自分の感情に気づかないままでいると、いつか心がフリーズしてしまう鬱になりかねないのです。

自分を見つめ直すには、心の余裕が必要です。ですから睡眠、食事、運動を含めて、規則正しい生活を送ることが大切。感情的になりがちな心に、だんだんと理性を取り戻していきましょう。

━ メンタルの不調 ━

● 自分を客観的に見つめてみましょう。

● 他者と比較して不幸の数ばかり数えていませんか？

（ 癒やしのためのセルフお祓い ）

まずは休む勇気を持ち、規則正しい生活を心がけましょう。

70　不眠の厄

睡眠中は、たましいが肉体から離れ（幽体離脱）、霊界というたましいのふるさとへ帰っています。肉体を休めると同時に、たましいもまた里帰りによってスピリチュアルなエナジーを補給しているのです。つまり不眠になったり、いい睡眠がとれていないと感じるときは、肉体もたましいも、十分に休めていないということ。

たましいが、「眠りを妨げるストレスはないか。それは何かをよく内観しましょう」と告げているのかもしれません。

現代人は寝る直前までスマートフォンやパソコンに向かっていたり、深夜まで仕事や遊びで出歩いていたりと、睡眠をおろそかにしがちです。そんな生活を見直し、自然のなかに身を置くなどしてリラックスし、本来のリズムを取り戻すことも大切でしょう。

また、人間関係に悩み、夜も眠れないという人もいるかもしれません。考えすぎる自分や、自分を癒やすことをおろそかにしていないかということも、振り返る必要があるでしょう。

一 不眠による不調 一

●頭ばかり使い、心をおろそかにしていませんか?
●成果主義になっていませんか?
●自分をもっと大切にしましょう。

〈癒やしのためのセルフお祓い〉

丹田に手を当てながら眠ります。

水晶を枕の下に置いたり、頭の近くに置いて眠るのもおすすめです。観葉植物をベッドサイドに置いてもいいでしょう。

第3章

厄を人生に生かすために

宿命と厄

死は避けられない厄なのか

ここまで読み進めてくれれば、もう人生におけるバイオリズムのメカニズム、そこに表れる厄が自分を見せてくれる鏡のようなもので災いではないというロジックもだいぶ理解できたのではないでしょうか。これがわかっていると、宿命や死というものに対する受け止め方もだいぶ変わってきます。

宿命とは、あなたが生まれて来るときに持っているテーマであり課題です。

現世で何を学ぶか、学びのためにはどのカリキュラムが良いだろうかと、あなた自身が決めて生まれてくるのです。生まれる国、時代、性別、どんな家族の元に生まれるかも、そのテーマとカリキュラムに沿って決めており、変えることはできません。第1章で、宿命の病があるとお話ししましたが、それも学びの一つで避けることができないものです。

第1章では運命についてもお話ししました。運命は自分で変えることができます。ですから、未来は決まっていません。素材という宿命を運命でどのように料理し、課題をクリアしていくか、人生をより良いものにしていくかが、生きる醍醐味とも言えるでしょう。もう少し深く言えば、どんなに努力しても、運命で変えられないものがあったとしたら、それは宿命として受け入れるしかないということなのです。

例えば「死は避けられない厄なのですか？」という質問を受けることがあります。

寿命は、宿命です。すべての人はこの世に生まれてくるとき、自分の寿命を決めています。それに逆らうことはできません。ですから寿命による死は厄でもなければ、災いでも、悪いことでもないのです。

「夫が厄年に亡くなりました。厄祓いをしなかったせいでしょうか」「自分が厄年のときに子どもが亡くなりました。私の身代わりになったのでしょうか」と言う人がいますが、それは寿命であり、厄年云々は関係ありません。前述のように寿命は自らが決めてきた宿命です。誰が厄年であっても関係はなく、お祓いをしなかったせいでもないのです。

また、「うちのお父さん、厄年のときに亡くなったのよ。だからあなたも気をつけたほうがいいわよ」などと他人に言われても、まったく気にする必要はありません。もちろん、厄年に健康や生き方を振り返り、総点検することは大切です。しかし、それを脅し文句のように使うのは、明らかな誤用でしょう。

死を災いのように思うのは、この世がすべてだと考えているからです。たましいは死して死にません。この世での寿命が尽きても、たましいはあの世で生き続けるからです。この世はたましいを磨く修行の場。あの世の人たちにしてみれば、寿命をまっとうし、生き抜いた人たちですから、「よく頑張ったね」と喜んで迎え入れてくれます。

そのことを頭に入れておきながら、第3章を読み進めていただきたいと思います。

第3章では、それでも厄を受け入れなければならないとき、どのように厄を上手に人生に生かし、幸せに変えていくか、その極意をお教えします。

自分に必要なことしか起きない

人生には、必要以上に良いことも、また悪いことも起きません。逆に言えば、自分に起こることはどんなこともすべて必要なこと。死でさえもです。

この世に生きていると短命は不幸で、長寿が幸せだと単純に考えがちです。でも人生という旅において、ショートステイが不幸、ロングステイが幸せなどとは決められないこと。ふだんの旅でも短くても充実した旅もあれば、長くても「つまらない旅だったね」と思うことはあるでしょう。人生も同じで、長短ではなく、どれだけ込めたかです。

愛する人が亡くなると、寂しいもの。でも残された人は、たましいの視点でその寂しさも含めて宿命を受け入れながら、自分の生き方を見つめ直すなど、己の人生にも生かしていくことが大切ではないでしょうか。

病も同じです。前述のように、スピリチュアルな視点では病にはその人にとってたましいからの大切なメッセージがあります。病を受け入れようとしないのは、メッセージから目をそらすこと。たましいの成長を滞らせているようなものです。

先天的な病を得て生まれて来る人もいます。これは宿命です。「自分の子どもには先天性の病気があるが、厄を背負っているのでしょうか。それとも私の厄が子どもに行ったのでしょうか」と考えるのは短絡的でしょう。病や治療を通して本人も家族も、さまざまな経験と感動を味わいます。だからこそ関わるすべての人にとって大きなテーマがあり、学びとなるのです。自分を映し出す鏡としての厄ではありますが、災いという意味ではありません。治療をしても治らないときは、病を受け入れ、この先の人生をどうすれば充実させられるかを考え、運命を切り拓くのです。

例えば、あなたが病気で「霊能者にお願いをしたら病気が治った」としましょう。それは一見すると良いことのように思えますが、その霊能者は余計なお節介をしたかもしれません。あなたが病を通して伝えられた大切なメッセージを理解し、自分の課題として受け止めて乗り越えるチャンスを、その霊能者が奪ってしまったかもしれないからです。

仮にあなたが「この霊能者はスゴイ。言うことを聞いていれば病気も治るし、もう厄なんか怖くない」と、傾倒してしまったらどうなるでしょう。霊能者に「右に行けば厄を避けられる」と言われて右へ行き、「今日は厄日ですが、カレーを食べれば大丈夫」と言われてカレーを食べるような生き方をしてしまうかもしれません。それではあなたの人生ではなくなります。自らで宿命を受け入れ、生きるテーマと向き合いながら、運命でたましいを成長させるという大きな目的を、放棄してしまうことになるのです。

もしかするとその日は、カレーを食べてつつがない一日を過ごせたかもしれませんが、あなたが乗り越えるべき学びはいつか必ずあなたの元にやってきます。あなたが受け入れ、クリアするまで、課題は何度でも出されるからです。どんな霊能者や占い師も、宿命を変えることはできないのです。

厄を受け入れるとき、そこから見えてくるものは必ずあります。それが宿命のカリキュラムだとしたら、理解できる瞬間というものもあるのです。どうしようもないから終わりなのではありません。そこには何かしらのプラスがあります。マイナスなことにばかり目を向けていると、プラスを見逃してしまうでしょう。

私はいつも、「転んでも、饅頭を握りしめて立ち上がれ」と言っていますが、そのプラスが何かを探すことがとても大事なのです。それがわかると、あなたはきっと、人生に起こることのすべてに感謝ができるはずです。そして、運命を切り拓く力でそれを乗り越えることに喜びを感じ、チャレンジャーとしての気力も湧いてくるのではないでしょうか。

誰にでも転ぶ権利はある

インチキ霊能者や占い師に、転ばぬ先の杖のようなアドバイスをもらうことが、どれほどたましいの成長を妨げるか、よくおわかりになったでしょう。

自分で自分のことがよく見えないのに、人のことはよく見えるという場合があります。

例えば、友達や家族に対して「この人は今、厄と向き合っているな」と、気づくこともあるのではないでしょうか。

もちろん、その人に「あなたはこういうところがあるから、それを今、見せられているんだよ」とアドバイスしてもいいと思います。それで本人が気づき、自らで軌道修正することもあるでしょう。でも、あなたのアドバイスに耳を貸さないこともまた、その人の学びです。それによってその人が人生につまずいたとしても、つまずいたからこそ気づくという場合もありますし、そのほうが良かったのかもしれません。

そこで「アドバイスを聞いてくれない」などと嘆いたりするのは、あなたの自己憐憫であり、強引に聞かせようとするのは過干渉です。聞くのも、聞かないのも、またそれを受け入れるのも、受け入れないのも、選ぶのは本人です。

人は誰でも、もちろんあなたにも、つまずいたり、転んだりする権利があります。派手に転ぶからこそ、身に染みて理解することもあるのです。もしもあなたが厄によって転ぶことがあっても、そこから何かを学ぼうとすれば、その厄はあなたを成長させてくれる幸せの種と言えるのではないでしょうか。

受け入れるからこそリベンジができる

ご存じの方も多いでしょうが、私の10代後半〜20代前半はとても苦しいものでした。早くに両親をなくし、大学に行きながら働いてもいましたが、お金も生活もどうにもならない日々が続いたのです。必要な教科書を買うお金すらないときもありました。

まるで自分では懸命に頑張っているのに、何かがカチッとハマらないせいで、すべてが空回りしているような感覚。自分でも「私は、いったい何をやっているのだろう?」と思ったこともあります。

そんなとき自分で自分に言い聞かせたのは「まだ自分の時代ではない」という言葉。「自分は絶対に役に立つ人間になる。そのときまで頑張ろう」と思っていました。

「辛いときは、それが永遠に続くような気がして落ち込む」と言う人がいます。「だから一発逆転して、抜け出したいのです」と。

でも落ち込むのは感情です。そしてギャンブルのように一発逆転を願うのも感情。理性で考えればこそ、現状を打破したいからこそ、努力して抜け出そうとするのですし、懸命に働こうとするのではないでしょうか。辛いことはずっとは続きません。

安いバイト代で働いて、「一生これが続くかと思うと結婚もできない」と嘆くのは感情。それならばキャリアを積んで、お給料を上げていくしかありません。自分という素材をよく見て、最も合っている仕事、つまり適職を探すという選択が大切です。

自分に肉体労働が合っているなら、肉体労働をすればいいし、公務員が合っているなら、公務員を目指せばいいのです。それが自分を生かすということではないでしょうか。そこで人と比べるのは意味のないことです。

ではなぜ今の時代、自分の居場所を見つけられない人、自分の素材に合わない仕事をしようとする人が増えたのでしょうか。それは自分の内面を見つめず、目に見える表面だけに照準を合わせているからではないでしょうか。

それはやはり小さいときからの教育もあると思います。将棋のプロ棋士が話題になれば将棋が流行り、オリンピックで卓球選手が活躍すれば、自分の子どもに卓球をさせる親が増えるそうです。

子どもにいろいろな経験させて、才能を見出したいという親心は理解できますが、子どもの適性を見極めることも大切でしょう。やらせてみなければわからないというのも一理あります。ならば、才能がないとわかったら見切りをつけ、あきらめるという選択も必要です。そして何より、子ども自身がやりたいかどうかが重要ではないでしょうか。やりたいという気持ちがあるからこそ、苦労もいとわず努力を続けられます。自分からその道を見出し切り拓いていく人は、そうやってパイオニアになっていくのだと思います。

総じて言えば、人生には無駄はありません。どんな人にも、辛いと思うこと、災いと思うことがあっても、それは全部意味のあることです。

病気を受け入れ、共存しながらも、気持ちは元気に人生を送っている人もたくさんいらっしゃいます。「病気をしたおかげで人にやさしくなれました」「人生をどう充実させようかと考えるようになりました」と言う人もいます。また、事故で足が不自由になったけれど、パラリンピックに出場して活躍し「足が不自由になってから私は人生が変わりました。今では感謝しています」と語る人も。宿命を受け入れた結果でしょう。

私も、これまでの人生に起きたすべてのことは、結果的に良かったと思っています。

厄という形で見せてくれることで、気をつけるようになったり、自分を変えたりもできます。自分の悪しきところを見せてくれるように厄が来て、正すチャンスがあるというのは実は幸いです。

人は自分のこととなるとなかなか気づきません。だから何度も厄がやって来るのでしょう。まるで合格するまで続く追試のようです。人生はいつでもリベンジが可能なのですから、こんなにありがたいことはありません。

たとえ厄だと思うようなことに遭い、辛い思いをしたり、財産を失うようなことがあったとしても、決して悪いことだけだとは思わないでください。厄を受け入れるとすべてが軌道修正できます。起死回生のチャンスだと思って、考え方や行動を変えていきましょう。

厄を生かす極意

パワーバランスと人生

病気やケガを負と表現するのは語弊があるかもしれませんが、パワーバランスという一面はあると思うのです。この現世では負荷になることでも、それに感謝し、努力して生きることで、人生をより充実させるという正を得るのですから。

人生が順風満帆に進みすぎると、人はだんだん不平不満が増えます。幸せの数を数えなくなるのです。例えばバイオリズムが良いときだなと感じると、どんどん行動するでしょう。でもスピードアップすれば事故を起こすこともあります。だからあえてブレーキを踏むように、何かを我慢したり、あきらめたりすることも重要。それがパワーバランスです。パワーバランスは自分でコントロールもできるのです。

また、会社を起業して、みんなで努力しているときは順調でも、成功したら家族仲が悪くなり、会社のなかもギクシャクして業績が下がるということがあります。足りないところを埋めようとしているときは頑張れる。それは努力という負です。けれども成功し、すべてを得て、正だけになってしまいパワーバランスが崩れたのです。成功するのが悪いと言っているのではありません。そこから新たな目標を立てて、いっそうの努力をするなど、自分で自分に負を課すことも必要でしょう。

自分のバイオリズムが低いときは、成功している人がうらやましく思えるかもしれません。でも成功している人は、想像もつかないような苦労や努力を陰でしているのです。表に見えないからといって順風満帆なわけではありませんし、苦しそうな姿をひけらかさないのは、自分にとって必要な苦労や努力だと思っているからでしょう。

むしろ、そうした苦労や努力をしないと、成功したあとで世間に踊らされてしまいます。おだてられて祭り上げられ、自分が見えなくなるのです。自分が見えなくなることほど、怖いことはありません。

それがわかっている人は、自律し、バイオリズムを感じながらも自らでブレーキやアクセルをコントロールし、人生のインターバルさえも楽しむ余裕を持っています。

会社の発展に限らず、個人でも同様のことは言えるでしょう。厄があなたの負であるならば、受け入れることが大事。それを乗り越える努力はあなたのパワーバランスを保つ一つの術と言えるのではないでしょうか。

自分に負を課す

ある地方では、厄年の人が地域や親戚の人を招いて振る舞いをする風習があるそうです。これはパワーバランスを考えると理にかなっていると言えます。身銭を切って人に振る舞うという負を自分に課すことで厄落としと考えるのでしょう。

日本には古くから喜捨という言葉があります。困っている人がいたら、喜んで寄付をするという意味ですが、しかし寄付という考え方は、欧米に比べて今の日本では根付いていないようで残念です。

第1章で前世にした種蒔きを今、厄として刈り取ることもあると申し上げました。そのために良き種蒔きをしましょうとも。人は未熟な存在ですから、何かしらの迷惑をいつのまにか誰かにかけているものです。前世も含め、それによって泣いている人もいたかもしれません。そのときに気づけず、迷惑をかけた相手も今となってはわからないでしょうが、己の性格や振る舞いを振り返って反省し、心のなかで謝罪することはできるでしょう。

そして次にすべきは良き種蒔きです。「おかげさまで、自分に気づけました」という感謝を、寄付という形で表すのも「喜捨」ではないでしょうか。

寄付は駆け引きではありません。これだけの額を寄付したのだから厄は来ないだろうなどと考えるのは、自分さえ良ければいいという小我です。そんな人は「自分はこれだけ寄付をしているんだ」と自慢もしたくなるのではないでしょうか。

もちろんお金がすべてではありません。ボランティアという形もあるでしょう。いずれにしても「おかげさま」という気持ちがあるかどうか。人のために喜んでするという大我が、動機にあるかが大切です。

厄だと感じたときにすべきこと

バイオリズムが低下し、厄だと思うことに直面すると、人は近視眼的になりがちです。「そんなことを言っても、トラブルの渦中にいるときはなんとかならないかと思います」と言いますが、それは感情です。昔から日本には「損して得取れ」という言葉もあります。損得で考えるのは物質的だと思うかもしれませんが、一旦、フェイントをかけるように引いてみることで、視野が広がり、理性を取り戻すことができるのです。

ですから私はいつも、「誰かとトラブルになったときは、相手と同じ土俵に乗らないようにしましょう」と言っています。

また、しがみつかないことも大切です。「だまされてお金を取られた。取り戻したい」と深追いして、さらにトラブルが大きくなるというのはよくある話。

それよりもパワーバランスだと割り切り、損をしてもしがみつかないこと。「パワーバランスで言えば、今は負を背負うときなのだろう。これが厄落としになるのだ」と思いましょう。

そしてバイオリズムが低いときは、しゃがんでいるようなものです。しゃがむと必ず伸びしろができます。だから、次は前よりももっと高いところまでジャンプできます。

その考え方が身についていれば、物やお金だけでなく、人との縁に対しても必要以上に執着することはありません。「去るものは追わず」で、いつも冷静に、理性で受け止められます。

私自身、これまでの人生で「これはひどいな」と思うこともたくさん経験しました。それによって「家族に迷惑をかけた」と申し訳なく思うことはあっても、自分がひどく感情的になることはなく、すべて理性で対応していました。周囲が「あまりにひどい！　相手を訴えたほうがいい」と言っても、私自身は冷静に受け止め「それは必要ありません」と判断したこともあります。

なぜ理性で受け止められるかと言えば、自らが蒔いた種は自らが刈り取る「因果の法則」があるとわかっているからです。

誰かを傷つけた人が、その後、厳しい人生を送ったと聞いたりしたことはないでしょうか。傷つけられた人が仕返しなどしなくても、傷つけた人には「因果の法則」が働くのです。それを悔しいからと仕返しすれば、自らの手を汚すことになってしまいます。

私もまた、相手と同じ土俵に乗ることをしなかったからこそ、ここまで公明正大に歩んでこられたのだと思います。そして、一旦しゃがんだからこそ、その後の人生でも大きくジャンプできたのではないかとも思うのです。

自分が得た経験と感動は、人生に深みを与えてくれます。ありがたくお膳をいただくような気持ちで、厄もありがたくいただいてみてください。次第にトラブルの渦中にいるときの自分の引き際や、バイオリズムが良くなってギアチェンジをするタイミングもわかってくるはずです。

また、このところトラブルが多いなと感じたら、必ず内観して自分を見つめ直しましょう。そして人の言葉にも素直に耳を傾けてください。自分に耳の痛い言葉は、的確なアドバイスである場合が少なくありません。耳が痛いというのは、自分が認めたくないことを図星で言い当てられているケースが多いのです。その理性と自制心が自分をコントロールすることになり、負のスパイラルに入り込むのを防ぎます。

さらにバイオリズムが低下しているな、これは厄だなと感じるときに、パーティなどに出かけて気分転換するのはおすすめしません。そういう場はあえて避けたほうが無難。感情的に憂さ晴らしするよりも、理性的に講演会などへいくほうがいいでしょう。自分を見つめる時間を持つことが大切です。

年をとるのはありがたい

人間は誰しも年をとります。私自身、年を重ねるごとに、体力の衰えを感じますし、それに合わせて仕事の優先順位を決めていかなければならないと実感しています。

でも、年をとることはとても幸せで、大事なことではないでしょうか。なぜなら、「足るを知る」ことができるからです。

前にできたことができなくなることもあります。でもそれを悲観するのか、「足るを知る」としてありがたく思うのかで、人生は大きく変わってくるでしょう。足るを知れば、本当に大事なものだけを残し、あとはお返しするという選択ができるのです。

私自身のことで言えば、スピリチュアリズムの実践という本来の活動以外は、少しずつ活動を縮小していこうと考えるようになりました。けれども縮小できるのも、今までそれ以外の活動を含め一所懸命にやってきて、「やるだけやった」という思いに満ちているからです。

いつまでも「あれもこれも、まだ……」と未練を残してやめられなかったり、自分の老いを認めず、若いときと同じ調子で仕事や趣味に走っていたら、病気になってしまうことでしょう。

厄はもしかしたら、その大きなブレーキになってくれるかもしれません。

昔の人の知恵で、健康や人生を振り返る節目としての厄年があるように、高齢社会の現代では、老いや厄もまた、点滅している交通信号や踏切の遮断機のようなものと言えるでしょう。まっすぐの道路を何も考えず暴走していたら事故になるところを、「気をつけようね」と知らせてくれるのですから、上手に生かしたいものです。

厄を受け止め、乗り越えた人に咲く花

スピリチュアルな視点から言えば、この世は修行の場。肉体があるから病気にもなるし、食べるためには仕事をしてお金を得なければなりません。だからさまざまな問題が起きるとも言えます。でも逆を言えば、これらはすべてこの世でしか経験できないこと。ならば、今起きていることを存分に楽しもうと思ったほうがいいのではないでしょうか。

この世に何不自由ない天国を望んでも無理な話。天国はやっぱりあの世なのです。

しかしこの世にいても天国を感じることはできます。それは多くの痛みを知り、人の気持ちがわかることです。悲しみや苦しみを味わってもそこで終わらず、愛へと昇華し、人の気持ちに寄り添い、何事も許せる自分になる。そうすればいつも天国のような気持ちでいられるでしょう。

そういう意味では、苦労し、いろいろな経験や感動を積んでいる人は寛大です。誰に対しても、何に対しても。そこまで達観していれば、厄というものも、バイオリズムというインターバルも、すべて受け入れることができるでしょう。

たましいの世界を理解すれば、それは難しいことでもありません。

あの世に行けば、すべてが明確になります。仮にいわれなき誤解や批判を受けても、あの世で

はすべてが明らかになって理解しあえるのですから、今、深追いする必要はありません。

この世は舞台。あの世は舞台袖。私たちは舞台の上で、今という人生を演じている俳優です。どんな悲しい役を演じていても、それはあくまで役だと思えば、感情移入しすぎず、相手役の言動も許せるのではないでしょうか。

そして人生の幕が下りれば、舞台袖で「お疲れ様！」と迎えられます。

年齢を重ねて良いなと思うのは、今にして思えば、辛いことも、経験して良かったと思えることです。知らないで生きるよりは、知って、経験したほうがずっと良かったと。

実年齢に関係なく「老成する」などといいますが、それは酸いも甘いも知り抜いて、泥のなかから蓮華の花を咲かせることかもしれません。そのためにも目の前の出来事、厄から目をそらさずに、人生に生かしてやるぞと、向き合ってください。その繰り返しの先には、きっとあなただけの美しい蓮華の花が咲くことでしょう。

本書は書き下ろしです。

江原啓之

EHARA HIROYUKI

スピリチュアリスト、オペラ歌手。
一般財団法人日本スピリチュアリズム協会代表理事。
吉備国際大学、九州保健福祉大学客員教授。
1989年にスピリチュアリズム研究所を設立。出版、講演活動などで活躍中。
主な著書に『幸運を引きよせるスピリチュアル・ブック』、
『ペットはあなたのスピリチュアル・パートナー』、
『すべての災厄をはねのけるスピリチュアル・パワーブック』、
『あなたは「死に方」を決めている』、『たましいの地図』、『たましいの履歴書』、
『幸せになる100か条』、『守護霊』など。

公式ホームページ●http://www.ehara-hiroyuki.com/
携帯サイト●http://ehara.tv/
携帯文庫●http://eharabook.com/

＊現在、お手紙等によるご相談はお受けしておりません。

厄祓《やくばら》いの極意《ごくい》

2017年 9月 7日　初版発行
2017年 9月25日　再版発行

著　者　江原啓之
発行者　大橋善光
発行所　中央公論新社
〒100-8152　東京都千代田区大手町1-7-1
電話　販売　03-5299-1730
　　　編集　03-5299-1900
印　刷　大日本印刷
製　本　大日本印刷

Published by CHUOKORON-SHINSHA,INC.
Printed in Japan　ISBN978-4-12-005003-9 C0095
定価はカバーに表示してあります。落丁本・乱丁本はお手数ですが
小社販売部宛お送り下さい。送料小社負担にてお取り替えいたします。

特別付録

江原啓之特製
厄祓い護符

「江原啓之特製厄祓い護符」は、
そのまま切り離して使うこともできますが、
自分の念を護符に込めて用いてもいいでしょう。

二つの護符を用いるうえでの

心得

●護符のみに頼らず、自分自身の改善、努力の姿勢を忘れない。

●相手の不幸を願う、誰かを呪う、物質的価値観にもとづく幸せを望むなど、自己中心的な願掛けはしない。

●自らの波長が極端に低い場合は用いない。

●自ら努力もして、人事を尽くしたら、あとは「天命を待つ」こと。もし、願意が叶わなかったとしたら、それは「叶わないこと」を通じて学ぶ課題と受け止める。

一

「災いを撥ね返す」護符の使い方

護符を使い、負のエナジーを撥ね返しましょう。

●護符はキリトリ線に従って切り取り携帯する。

二

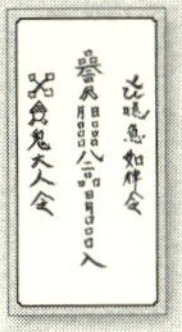

「厄を祓う」護符の使い方

厄は災いではありませんが、どうしても気になるという方は護符の力を借りるといいでしょう。

●護符はキリトリ線に従って切り取り携帯する。あるいは、玄関に貼るか、神棚（なければ清浄な場所）に祀る。

一

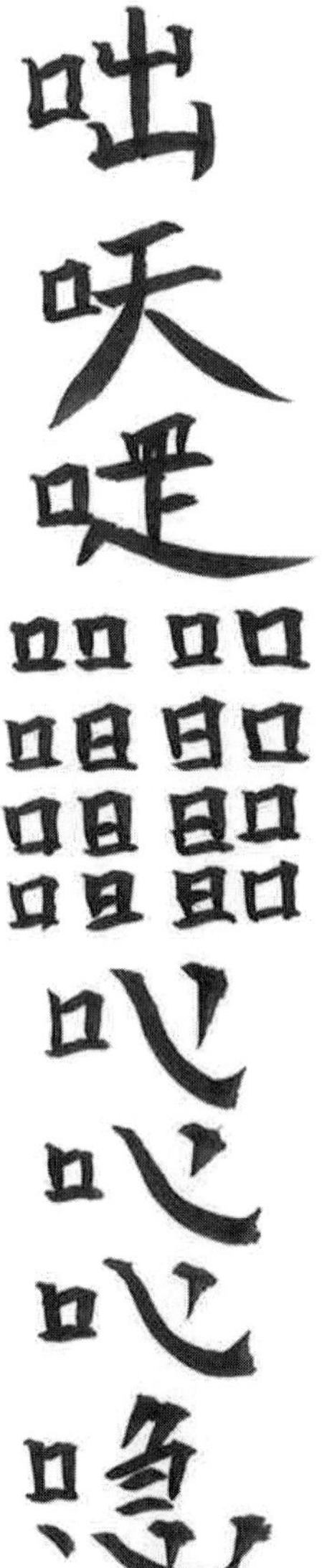

キリトリ

急急如律令

符爪月𣎴品八品月𣎴𣎴𣎴入

花食鬼大人令

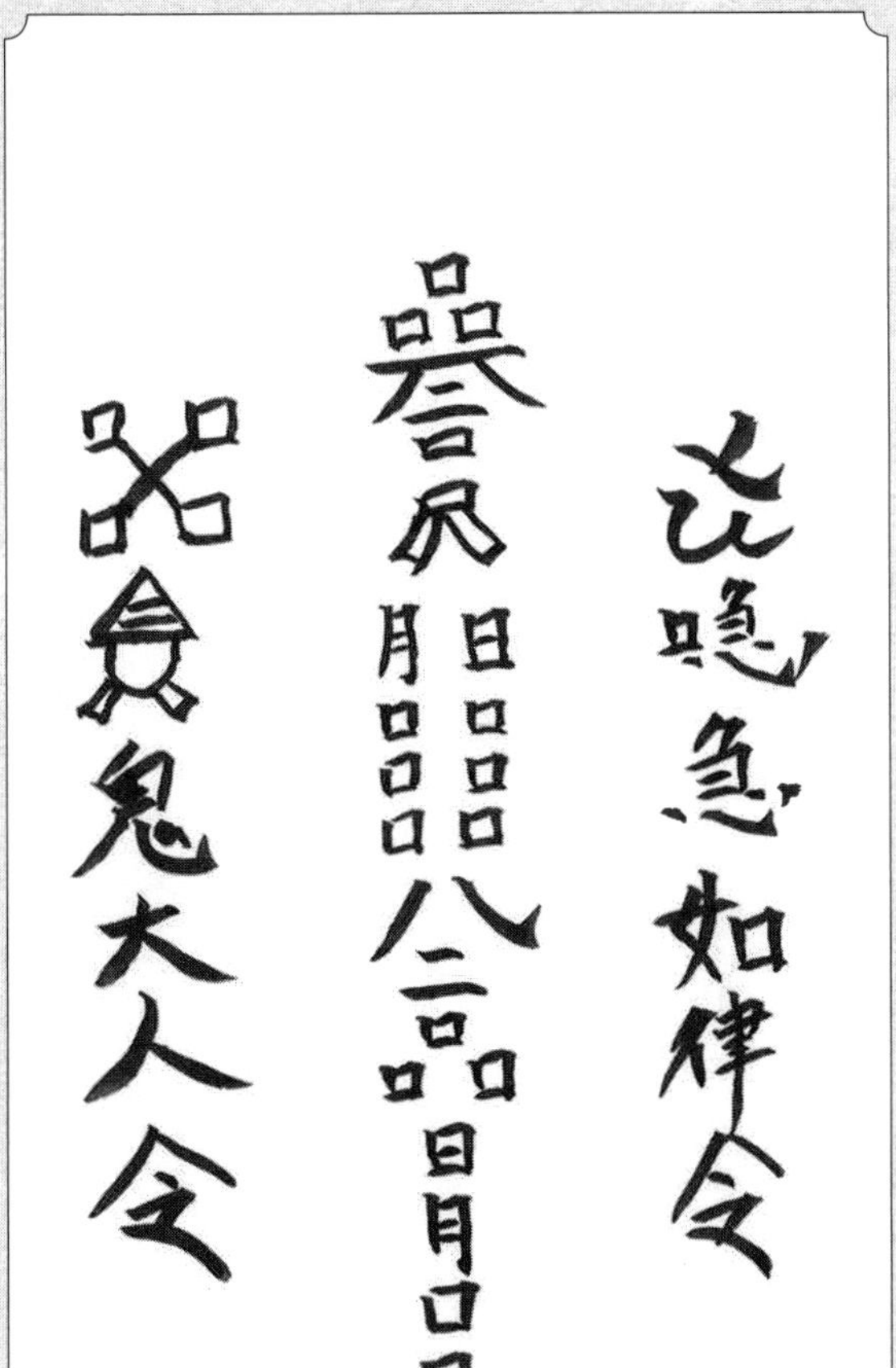